Detailed Explanation of
Bridge Engineering Seismic Design
Examples Using midas Civil Software

midas Civil
桥梁工程**抗震设计**
实例详解

朱 锋 姜 蕊 李 铎 *编著*
唐晓东 钱 江 *主审*

人民交通出版社股份有限公司
北 京

内 容 提 要

本书依托 midas Civil 软件,选取了 5 类桥梁抗震设计应用实例,包括连续梁桥反应谱分析、非规则桥梁时程分析、减隔震桥梁反应谱分析、减隔震桥梁时程分析与验算、自锚式悬索桥分析,涵盖了《公路桥梁抗震设计规范》(JTG/T 2231-01—2020)要求抗震计算的全部桥梁类型。书中实例以规范解读为要点,既有软件前处理建模流程介绍,又包含作者从业多年对于规范验算内容的解读,涵盖了从前处理到后处理全流程计算内容。

本书实例解析全面,深入浅出,可为从事抗震验算的工程技术人员提供实用指导,也可供高等院校相关专业师生学习使用。

图书在版编目(CIP)数据

midas Civil 桥梁工程抗震设计实例详解 / 朱锋,姜蕊,李铎编著. — 北京:人民交通出版社股份有限公司,2023.12
ISBN 978-7-114-19007-0

Ⅰ.①m… Ⅱ.①朱…②姜…③李… Ⅲ.①桥梁设计—防震设计—应用软件 Ⅳ.①U442.5-39

中国国家版本馆 CIP 数据核字(2023)第 187469 号

midas Civil Qiaoliang Gongcheng Kangzhen Sheji Shili Xiangjie

书　　名:	midas Civil 桥梁工程抗震设计实例详解
著 作 者:	朱　锋　姜　蕊　李　铎
责任编辑:	李　梦
责任校对:	孙国靖　宋佳时
责任印制:	张　凯
出版发行:	人民交通出版社股份有限公司
地　　址:	(100011)北京市朝阳区安定门外外馆斜街 3 号
网　　址:	http://www.ccpcl.com.cn
销售电话:	(010)59757973
总 经 销:	人民交通出版社股份有限公司发行部
经　　销:	各地新华书店
印　　刷:	北京印匠彩色印刷有限公司
开　　本:	787×1092　1/16
印　　张:	13.5
字　　数:	305 千
版　　次:	2023 年 12 月　第 1 版
印　　次:	2023 年 12 月　第 1 次印刷
书　　号:	ISBN 978-7-114-19007-0
定　　价:	68.00 元

(有印刷、装订质量问题的图书,由本公司负责调换)

PREFACE 序一

地震是一种危害性极大的突发性自然灾害。我国处在地球上两个最活跃的地震带中间,东濒环太平洋地震带,西部是欧亚地震带所经过的区域,是地球上地震多发的国家之一。桥梁工程师们承担着桥梁抗震设计的任务,任重而道远。

《公路桥梁抗震设计规范》(JTG/T 2231-01—2020)在《公路桥梁抗震设计细则》(JTG/T B02-01—2008)的基础上,吸收了近年来国内外成熟的桥梁抗震设计成果,并总结了震害调查的经验教训,进行了修订调整和完善。新版本的 midas Civil 软件及时根据《公路桥梁抗震设计规范》(JTG/T 2231-01—2020)内容,调整、完善软件对应的模块功能,为一线工程师提供了桥梁抗震分析的有力工具。

桥梁抗震设计是桥梁工程师应该掌握的一项基本技能,也是一项综合性的工作。桥梁抗震设计的任务是根据地形、地貌及桥址场地条件选择合理的结构形式,在空间上合理分配结构刚度、质量,使桥梁震害损失控制在预估的限定范围内。由于地震作用的随机性和复杂性,人类对地震引起桥梁结构破坏机理的认知尚不充分,因此要进行精确的抗震设计很困难。如何做好桥梁抗震设计工作,对每一位工程师,尤其是新入职的技术人员来讲,都是一个技术难题。只有在熟悉桥梁抗震设计规范、掌握桥梁抗震"概念设计"原则的基础上,学习掌握一款具有抗震设计分析功能的软件,通过持续不断的工程设计实践,跟踪收集设计产品经过地震作用考验后的表现,及时总结,才能做好各种桥型桥梁的抗震设计工作。工程软件可以提高计算分析效率,将工程师从过去繁杂的计算分析中解放出来,将更多的智慧和精力放在"概念设计"和方案比选上。

本书以《公路桥梁抗震设计规范》(JTG/T 2231-01—2020)为依据,结合工程实例,详细讲解使用新版本 midas Civil 软件进行桥梁抗震设计的步骤和要点。本书图文并茂,共介绍了五个实例,每个实例中都有读者需要了解的知识点和理论阐述。通过本书实例的学习,读者可通过一步一步地操作,快速掌握建模、分析、设计等方面的技能，使读者在熟悉软件操作的同时，通过五个典型实例的学习，举一反三，能够尽快领会和掌握不同桥型桥梁抗震设计的要点。相信本书的出版会受到桥梁工程师、科研人员、高等院校土木工程专业师生以及关注桥梁抗震设计人员的欢迎，同时为我国桥梁抗震设计的进一步发展作出贡献。

沈永林

2023 年 7 月

PREFACE 序二

北京迈达斯技术有限公司成立已有 20 年，除了致力于追求尽善尽美的产品和功能外，也进行了大量的专题培训和资料编写，有些专题内容甚至已经超越了软件操作本身，如实际项目应用及规范解读等，得到了广大用户的好评。

桥梁抗震分析一直是行业的热点及难点问题，尤其在《公路桥梁抗震设计规范》（JTG/T 2231-01—2020）发布以来，更是对广大桥梁设计工程师提出了更高的要求。midas Civil 桥梁结构分析软件具有强大的三维分析及非线性分析功能，已成为桥梁抗震计算的有力工具。本书是我公司在系列专题培训的基础之上对桥梁抗震分析内容进行的梳理总结，希望通过实际工程案例使广大读者掌握 midas Civil 桥梁抗震分析的基本方法与原理。

全书共分为五章，对应五个实际工程案例，包括连续梁桥、减隔震桥梁和悬索桥等常规及特殊桥梁，涉及反应谱分析及时程分析前处理、后处理等内容。通过每个工程实例介绍最新规范的条文要求、抗震分析原理以及具体的软件操作过程，由浅入深地帮助读者从理论到实践系统地掌握桥梁抗震分析方法。同时，本书包含 midas Civil 的后处理程序 midas Civil Designer（简称 CDN）的操作内容，结合规范条文对结构进行抗震验算并生成设计计算书。本书可供桥梁设计工程师、高等院校教师及学生、科研单位技术人员等使用，相信 midas Civil 的新老用户都能有所收获。

本书编写历时近半年，经过反复修改、审校，最终定稿，是 MIDAS 公司多年来在桥梁抗震分析工作实践中的总结，参考并采纳了多位专家、规范编委、桥梁设计工程师的意见，也凝结了大量 MIDAS 公司桥梁技术人员的心血。但限于编写时间和编写水平，书中难免存在不完善之处，欢迎广大读者批评指正。

最后感谢本书的作者朱锋、姜蕊、李铎对本书内容的研究、整理及编写，感谢唐晓东、艾贻学、李兆阳、刘昕鹏对本书内容进行校核并提出修改建议。感谢 MIDAS 开发中心同事对于产品的研发，感谢技术中心所有同事多年来对桥梁抗震分析的辛勤投入。同时要感谢广大用户一直以来对 MIDAS 的支持与信任，我们会不断完善产品，提升技术服务，为行业发展尽绵薄之力。

钱　江

2023 年 8 月

FOREWORD 前言

自 2008 年汶川地震以来，桥梁工程界对地震灾害的重视程度不断提高。近年来，桥梁设计理念不断更新，行业规范随之修订完善。从《公路工程抗震设计规范》（JTJ 004—1989）到《公路桥梁抗震设计细则》（JTG/T B02-01—2008），再到《公路桥梁抗震设计规范》（JTG/T 2231-01—2020），桥梁工程抗震领域设计理念不断进步，规范也不断调整分析方法。在目前的行业状况下，设计人员急需一款既遵循设计规范又简单易上手操作的有限元软件，midas Civil 抗震分析功能应运而生。为了更好地服务广大工程师们，midas Civil 软件近十几年来不断地研究并升级抗震分析功能，竭力为设计人员提供一款简单、快捷且完全符合规范思路的设计工具。

虽然经过十余年的产品推广，大部分设计人员对抗震分析与设计的理解有了长足的进步，但仍可能对一些抗震验算内容感到无所适从。本书编写的目的便是结合规范诠释桥梁抗震分析设计的全过程，力求做到依托实例、结合规范、细致完善。

本书编写主要依据《公路桥梁抗震设计规范》（JTG/T 2231-01—2020），按照工程常见项目类型进行分类，不同类型的桥梁结构采用不同的抗震分析方法，并通过以下五个实例介绍相关内容。

实例一为两联 3 × 32m 预应力混凝土连续箱梁，下部结构采用矩形双柱式桥墩。地震分区特征周期为 0.4s，场地类别为Ⅱ类，抗震设防烈度为 7 度（0.1g，g 为重力加速度）。本例为抗震分析中最常遇到的案例，故编写时从反应谱的基础知识出发，逐步介绍 E1、E2 反应谱下的结构验算，最后一节又针对带盖梁的交接墩详细阐述静力弹塑性分析（Pushover Analysis）在桥梁抗震中的应用。

实例二为主梁跨度布置为（81 + 142 + 81）m 的预应力混凝土连续刚构桥，下部结构采用双肢薄壁墩。本例为非规则桥梁的案例，重点阐述时程分析方法中所涉及的诸多问题，包括地震波选取、阻尼计算方法、塑性铰定义，并结合分析结果讨论桥墩屈服判断方法以及塑性铰区抗剪强度验算和塑性转动能力验算问题。

实例三为四跨（24+27+2×26）m预应力混凝土连续箱梁，下部结构采用独柱矩形桥墩。桥墩采用圆形高阻尼橡胶支座，桥台采用矩形滑动型水平力分散型橡胶支座。本实例采用多振型反应谱法分析减隔震桥梁，着重介绍迭代过程中全桥阻尼比的计算方法。实例最后根据最终收敛的计算结果展示支座效果、桥墩强度以及支座验算的过程。

实例四为4×40m简支变连续小箱梁桥，下部结构采用桩柱式墩台、双柱式桥墩，全桥桥墩位置采用高阻尼橡胶支座，桥台位置采用四氟滑板支座。本实例采用非线性时程法分析减隔震桥梁，内容包括地震波的加载以及结合规范进行桥墩、盖梁强度验算，支座验算，桩基础验算所需内力的提取。

实例五为（65+125+300+125+65）m自锚式悬索桥，主梁为钢箱梁，主塔为门式桥塔。本桥主梁在桥塔位置设置横向抗风支座，桥塔下横梁位置设置黏滞阻尼器。本实例对应《公路桥梁抗震设计规范》（JTG/T 2231-01—2020）第九章相关内容，除了介绍自锚式悬索桥建模的主要过程，还进一步介绍了非线性边界的模拟方法。后处理部分主要介绍阻尼器相关参数敏感性分析及阻尼器行程确定方法、桥塔柱强度验算、桩基础计算所需内力的提取方法。

本书由朱锋、姜蕊、李铎编著，艾贻学、李兆阳、刘昕鹏校核，唐晓东、钱江主审。其中，李铎编写实例一，姜蕊编写实例二和实例三，朱锋编写实例四和实例五。在本书编写和出版过程中，感谢MIDAS技术中心桥梁技术同事的鼎力支持，感谢策划部郭赫精心设计了本书封面，感谢人民交通出版社股份有限公司李梦编辑的辛苦付出。

由于本书各实例后处理部分涉及对规范的理解和灵活运用，限于作者水平，书中难免有不当之处，本书主要起抛砖引玉的作用，如有任何疑问欢迎联系我们进行讨论。

最后特别感谢成书过程中给予我们帮助的前辈和专家，你们的鼓励和认可是我们继续前行的动力！

作　者
2023年9月

CONTENTS 目录

实例一　连续梁桥反应谱分析 / 001

1　反应谱简介 / 002

　　1.1　反应谱函数的由来 / 002

　　1.2　反应谱分析的基础——特征值分析 / 003

　　1.3　反应谱分析的结果叠加——完全二次振型组合（CQC）法 / 006

2　工程概况及模型简介 / 010

　　2.1　工程概况 / 010

　　2.2　模型简介 / 010

3　E1 反应谱分析及验算 / 011

　　3.1　振型计算 / 011

　　3.2　E1 反应谱施加 / 012

　　3.3　反应谱后处理 / 015

4　E2 反应谱分析及验算 / 022

　　4.1　E2 反应谱后处理（弹性）/ 022

　　4.2　E2 反应谱前处理（弹塑性）/ 025

　　4.3　E2 反应谱后处理（弹塑性）/ 026

5　静力弹塑性分析求解横向剪力和容许位移 / 029

　　5.1　静力弹塑性分析目的及基础模型介绍 / 029

　　5.2　静力弹塑性分析计算桥墩设计剪力 / 030

5.3 静力弹塑性分析求解横向允许位移 / 037

实例二　非规则桥梁时程分析 / 041

1　非规则桥梁概述 / 042
　　1.1　非规则桥梁定义 / 042
　　1.2　非规则桥梁抗震计算方法 / 042

2　工程概述及模型简介 / 043
　　2.1　工程概况 / 043
　　2.2　模型简介 / 043

3　非线性时程分析前处理 / 052
　　3.1　时程分析数据 / 052
　　3.2　选波（人工拟合地震波、强震记录）/ 054
　　3.3　阻尼的计算方法 / 062
　　3.4　塑性铰的定义 / 063

4　时程分析后处理 / 076
　　4.1　桥墩屈服判断 / 076
　　4.2　弹性时程内力提取与 E1 地震作用反应谱结果对比 / 080
　　4.3　桥墩塑性铰区抗剪强度验算 / 083
　　4.4　桥墩塑性转动能力验算 / 084
　　4.5　纤维铰模型桥墩延性验算 / 085
　　4.6　桩基内力 / 088

实例三　减隔震桥梁反应谱分析 / 091

1　工程概况及模型简介 / 092
　　1.1　工程概况 / 092
　　1.2　模型简介 / 092

2　减隔震桥梁反应谱分析迭代过程 / 104

- 2.1　减隔震工作原理简介 / 104
- 2.2　计算全桥等效阻尼比 / 105
- 2.3　修正设计加速度反应谱 / 109

3　后处理 / 114

- 3.1　减隔震支座效果验算 / 114
- 3.2　桥墩强度验算 / 114
- 3.3　减隔震支座验算 / 116

实例四　减隔震桥梁时程分析与验算 / 119

1　工程概况及建模要点 / 120

- 1.1　工程概况 / 120
- 1.2　建模要点 / 120

2　前处理——建立有限元静力模型 / 121

- 2.1　建立模型所需截面材料 / 121
- 2.2　CAD 导入主梁及下部结构单元 / 125
- 2.3　桩基础模拟及土弹簧边界条件 / 127
- 2.4　建立其余边界条件 / 130
- 2.5　施加静力荷载及建立施工阶段 / 133
- 2.6　计算结构周期频率 / 135

3　前处理——施加动力荷载 / 136

- 3.1　拟合地震波 / 136
- 3.2　桥墩刚度折减 / 139
- 3.3　施加地震时程荷载 / 139
- 3.4　迭代求解支座有效刚度 / 141

4　后处理——桥墩强度验算 / 144

- 4.1　桥墩强度验算 / 144

4.2 盖梁强度验算 / 149

4.3 验算支座 / 153

4.4 提取桩基础验算所需内力 / 156

实例五　自锚式悬索桥分析 / 159

1　工程概况及建模要点 / 160

1.1 工程概况 / 160

1.2 建模要点 / 160

2　前处理——建立有限元静力模型 / 161

2.1 建立模型所需截面材料 / 161

2.2 建立主塔及辅助墩独立模型 / 166

2.3 通过建模助手得到主缆、吊杆初始状态 / 168

2.4 修改助手生成模型为实际模型 / 170

2.5 施加边界条件 / 172

2.6 施加静力荷载及精确平衡分析 / 175

3　前处理——施加非线性边界及动力荷载 / 179

3.1 施加非线性边界并调整模型 / 179

3.2 计算结构周期与振型 / 185

3.3 施加地震动力作用 / 187

4　后处理 / 189

4.1 查看阻尼器及只受压抗风支座滞回曲线 / 189

4.2 阻尼器相关参数敏感性分析及阻尼器行程的确定 / 191

4.3 桥塔柱强度验算 / 194

4.4 桩基础验算所需承台底中心内力的提取 / 200

参考文献 / 201

实例一

连续梁桥反应谱分析

1 反应谱简介

1.1 反应谱函数的由来

在常规的反应谱抗震分析中，我们可以通过《公路桥梁抗震设计规范》（JTG/T 2231-01—2020）（简称"抗震规范"）选择分区的特征周期、场地类别、抗震设防烈度以及阻尼比等参数，得到如图 1-1 所示的标准反应谱曲线。对于图 1-1 所示的曲线，刚刚接触抗震的工程师可能会存在反应谱曲线为什么是这样以及如何使用反应谱进行抗震分析的疑惑，因此在正式开始实例操作之前简要介绍一下反应谱分析的相关概念。

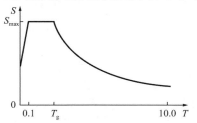

图 1-1 抗震规范给出的标准反应谱曲线

T-周期（s）；S-加速度（m/s²）；T_g-特征周期（s）；S_{max}-设计加速度反应谱最大值（m/s²）

自然界中实际的地震波是一系列加速度随时间变化的波形，如果要分析一个结构在一个地震波下的响应，只需要输入该时程波，经过分析后，可以得到结构的响应。由于不同的结构具有不同的周期，对于同一条地震波的反应也是不同的。如图 1-2 所示，以一系列单自由度体系为例，沿 X 方向作用一条地震波，由此可以得到每个质点在这条地震波下的加速度反应。

以 $T = 0.05s$ 时质点的加速度分析结果为例，最大值出现在 9.77s，最大加速度为 1.117m/s²，见图 1-3。把不同周期的质点在该时程波下的最大加速度都提取出来，绘制成横轴为周期、竖轴为最大加速度的坐标图，见图 1-4。

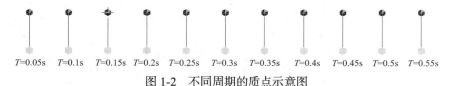

图 1-2 不同周期的质点示意图

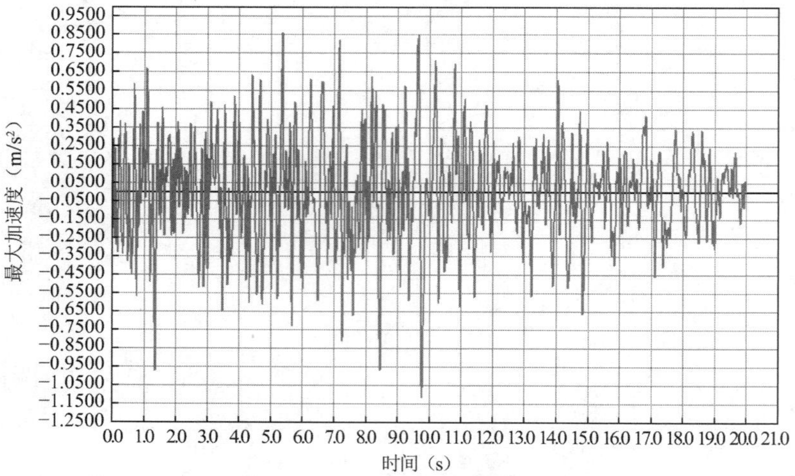

图 1-3 周期为 0.05s 的支点在地震波下的加速度分析结果

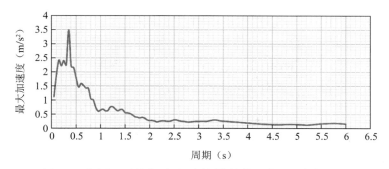

图 1-4 相同地震波作用下不同周期结构对应的最大加速度

可以看出，图 1-4 和图 1-1 的反应谱趋势基本一致，由此可以得到该时程波对应的反应谱的结果，此过程即为时程转反应谱，但图 1-4 得到的反应谱结果并不够精确，通常进行时程反应谱化时采用较小的结构周期步骤和时间步骤，来计算特定周期的单自由度体系在时程波下的结构最大响应。

在得到一个时程波对应的反应谱之后，意味着一个给定的单自由度结构，周期为 T_1，在该时程波荷载作用下，结构的最大加速度响应即为 T_1 对应的加速度 S_1，故只需对该结构施加该加速度 S_1，即可得到该结构在周期为 T_1 时的结构响应。假如将结构扩展到多自由度体系，和图 1-2 的单自由度体系响应不同，多自由度体系意味着存在多个周期，每个周期对应的加速度 S 也是不同的，故需要分别计算每个周期的响应，并将这些响应以特定方法做叠加即可得到结构在某地震时程波作用下的最大响应。具体的叠加方法可以参考第 1.3 节。

需要注意的是，反应谱分析基于线弹性理论，将结构物简化为多自由度体系，多自由度体系的地震反应可以按振型分解为多个单自由度体系反应的组合，每个单自由度体系的最大反应可以从反应谱求得。反应谱分析包含三个基本假定：

（1）结构物的地震反应是弹性的，可以采用叠加原理进行振型组合，如果结构中存在非线性的边界或材料，则无法使用反应谱分析。

（2）现有反应谱是在结构的所有支承处的地震动完全相同的假定下求得的，故无法考虑行波效应。

（3）结构物最不利的地震反应为其最大的地震反应。

1.2 反应谱分析的基础——特征值分析

根据结构动力学知识，各个振型之间存在正交关系，所以一个结构体系的线弹性反应都可以用振型来展开。类似于空间中的点坐标，可以使用 $\begin{Bmatrix} n_1 \\ n_2 \\ n_3 \end{Bmatrix}^T \begin{Bmatrix} X \\ Y \\ Z \end{Bmatrix}$ 来表示一样，体系的总位移可以按照各振型展开成式(1-1)：

$$v = \phi_1 Y_1 + \phi_2 Y_2 + \cdots + \phi_N Y_N = \sum_{n=1}^{N} \phi_n Y_n \tag{1-1}$$

或按照矩阵形式写为：

$$v = \phi Y \tag{1-2}$$

在式(1-1)和式(1-2)中，ϕ 为振型向量，Y 为振型幅值。

需要注意的是，振型幅值为未知量，但是由于振型向量具有正交性，在任意给定的位移向量 v 确定的情况下，总能得到对应的振型幅值。

借助振型向量的正交性（即对于 $m \neq n$，有 $\phi_m^T m \phi_n = 0$，$\phi_m^T K \phi_n = 0$，下标 m 为第 m 阶振型，非下标 m 为质量矩阵），在方程前乘 $\phi_n^T m$，由此可以得到 N 组如式(1-3)的方程。

$$\phi_n^T m v = \phi_n^T m (\phi_1 Y_1 + \phi_2 Y_2 + \cdots + \phi_N Y_N) \tag{1-3}$$

上式中除了 $\phi_n^T m \phi_n$ 不为 0，其余项均为 0，所以将上式改写为 $\phi_n^T m v = \phi_n^T m \phi_n Y_n$，则可以得到：

$$Y_n = \frac{\phi_n^T m v}{\phi_n^T m \phi_n} \tag{1-4}$$

如果位移向量 v 随时间变化，则振型幅值 Y_n 也随着时间变化，故将振型幅值 Y_n 对时间求导，可以分别得到振型幅值的变化速度和变化加速度。

$$\dot{Y}_n(t) = \frac{\phi_n^T m \dot{v}(t)}{\phi_n^T m \phi_n}$$

$$\ddot{Y}_n(t) = \frac{\phi_n^T m \ddot{v}(t)}{\phi_n^T m \phi_n}$$

在进行反应谱分析之前，需要得到相应的振型数据，故需要先做特征值分析。通过特征值分析，可以得到结构频率、周期、振型向量、振型参与系数、振型参与向量等数据，这些数据有什么含义呢？

以一个悬臂柱为例，将质量按照节点质量施加于节点上（4 号节点质量为 10t，3 号节点质量为 15t，2 号节点质量为 20t），可以得到结构的前三阶振型以及特征值模态分析结果表格，如图 1-5、图 1-6 所示。

在振型图中显示的数值即为振型向量，但和教材上的振型向量有所不同，在教材中，通常会将振型中的最大值或者第一个节点的振动幅值作为 1，并以这个指定的值作为基准确定其他节点的位移，这种方法叫作关于特定坐标的振型的规格化。

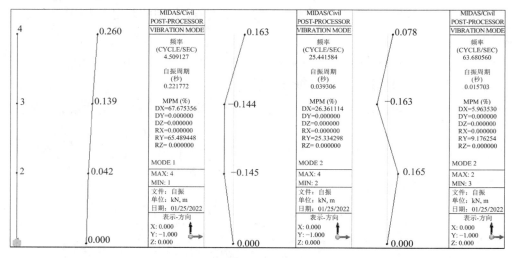

图 1-5 特征值分析——振型图

节点	模态	UX		UY		UZ		RX		RY		RZ	
		特征值分析											
	模态号	频率				周期		容许误差					
		(rad/sec)		(cycle/sec)		(sec)							
	1	28.331681		4.509127		0.221772		3.1767e-26					
	2	159.854185		25.441584		0.039306		3.1767e-26					
	3	400.116758		63.680560		0.015703		3.1767e-26					
		振型参与质量											
	模态号	TRAN-X		TRAN-Y		TRAN-Z		ROTN-X		ROTN-Y		ROTN-Z	
		质量(%)	合计(%)	质量(%)	合计(%)	质量(%)	合计(%)	质量(%)	合计(%)	质量(%)	合计(%)	质量(%)	合计(%)
	1	67.68	67.68	0.00	0.00	0.00	0.00	0.00	0.00	65.49	65.49	0.00	0.00
	2	26.36	94.04	0.00	0.00	0.00	0.00	0.00	0.00	25.33	90.82	0.00	0.00
	3	5.96	100.00	0.00	0.00	0.00	0.00	0.00	0.00	9.18	100.00	0.00	0.00
	模态号	TRAN-X		TRAN-Y		TRAN-Z		ROTN-X		ROTN-Y		ROTN-Z	
		质量	合计	质量	合计	质量	合计	质量	合计	质量	合计	质量	合计
	1	30.45	30.45	0.00	0.00	0.00	0.00	0.00	0.00	20.47	20.47	0.00	0.00
	2	11.86	42.32	0.00	0.00	0.00	0.00	0.00	0.00	7.92	28.38	0.00	0.00
	3	2.68	45.00	0.00	0.00	0.00	0.00	0.00	0.00	2.87	31.25	0.00	0.00
		振型参与系数 (kN,m)											
	模态号	TRAN-X		TRAN-Y		TRAN-Z		ROTN-X		ROTN-Y		ROTN-Z	
		Value		Value		Value		Value		Value		Value	
	1	5.52		0.00		0.00		0.00		0.00		0.00	
	2	-3.44		0.00		0.00		0.00		0.00		0.00	
	3	1.64		0.00		0.00		0.00		0.00		0.00	
		振型方向因子											
	模态号	TRAN-X		TRAN-Y		TRAN-Z		ROTN-X		ROTN-Y		ROTN-Z	
		Value		Value		Value		Value		Value		Value	
	1	50.82		0.00		0.00		0.00		49.18		0.00	
	2	50.99		0.00		0.00		0.00		49.01		0.00	
	3	39.39		0.00		0.00		0.00		60.61		0.00	

图 1-6 特征值分析——结果表格

而在 midas Civil 程序中提供的振型向量是相应于质量矩阵的标准正交振型，它满足如下条件：

$$\hat{\phi}_n^T m \hat{\phi}_n = 1 \tag{1-5}$$

同时，在 midas Civil 程序中，提供了关于特定坐标的振型规格化，我们需要在特征值模态结果表格里的振型向量上点击右键，选择"用最大位移正则化"即可得到以最大位移作为 1 的振型规格化。但该振型规格化仅在结果表格中有效，无法在振型图中显示。

在表格中，我们可以得到结构的振型参与质量以及振型参与系数。

根据 midas Civil 分析设计原理，振型参与系数由如下公式得到：

$$\Gamma_m = \frac{\phi_n^T m}{\phi_n^T m \phi_n} \tag{1-6}$$

而根据式(1-4)，可得振型幅值为：

$$Y_n = \frac{\phi_n^T m \nu}{\phi_n^T m \phi_n} = \Gamma_m \nu \tag{1-7}$$

以前文的悬臂柱为例，计算其 X 方向振型参与系数的过程如下：

$$\Gamma_{mx} = \frac{\phi_n^T m}{\phi_n^T m \phi_n} = \frac{0.26 \times 10 + 0.139 \times 15 + 0.042 \times 20}{1} = 5.525$$

该结果与程序计算结果基本一致。

而对于每一阶的振型参与质量，表示为各振型方向质量的有效值。需要注意的是，由于计算振型参与质量时考虑了振型的正负号，所以振型参与质量可能出现零的情况。其计算方法见式(1-8)，对于第一阶振型，其振型参与质量的计算过程示例如下，由于小数位数的取值，导致结果和程序有所偏差。

$$M_m^* = \frac{[\phi_n^T m]^2}{\phi_n^T m \phi_n} = \Gamma_m \phi_n^T m \tag{1-8}$$

$$M_m^* = \Gamma_m \phi_n^T m = 5.525 \times (0.26 \times 10 + 0.139 \times 15 + 0.042 \times 20) = 5.525^2 = 30.525$$

故在以相应于质量矩阵的标准正交振型下，各振型的平动方向的振型参与质量即为振型参与系数的平方。

同时，在 midas Civil 特征值分析的结果表格中，还提供了振型参与向量表格，如图 1-7 所示。

节点	模态	UX	UY	UZ	RX	RY	RZ
1	1	0.000000	0.000000	0.000000	0.000000	0.000000	0.000000
2	1	0.229384	0.000000	0.000000	0.000000	0.000000	0.000000
3	1	0.769366	0.000000	0.000000	0.000000	0.000000	0.000000
4	1	1.432575	0.000000	0.000000	0.000000	0.000000	0.000000
1	2	-0.000000	0.000000	0.000000	0.000000	0.000000	0.000000
2	2	0.500785	0.000000	0.000000	0.000000	-0.000000	0.000000
3	2	0.496889	0.000000	0.000000	0.000000	0.000000	0.000000
4	2	-0.560653	0.000000	0.000000	0.000000	0.000000	0.000000
1	3	0.000000	0.000000	0.000000	0.000000	0.000000	0.000000
2	3	0.269831	0.000000	0.000000	0.000000	-0.000000	0.000000
3	3	-0.266254	0.000000	0.000000	0.000000	-0.000000	0.000000
4	3	0.128077	0.000000	0.000000	0.000000	0.000000	0.000000

图 1-7　特征值分析——振型参与向量

由图 1-7 可以看出，振型参与向量即为振型参与系数与振型向量的乘积，即：

$$\phi_n^* = \Gamma_m \phi_n \tag{1-9}$$

在得到特征值分析的结果后，程序又是如何进行反应谱分析呢？

1.3　反应谱分析的结果叠加——完全二次振型组合（CQC）法

继续使用第 1.2 节中的悬臂柱模型，施加如图 1-8 所示的反应谱函数，根据第 1.1 节的内容，折线上的三个点代表悬臂柱的前三阶的周期，分别赋予其 0.1g（g 为重力加速度）、0.2g 和 0.3g 的加速度，并在反应谱工况中沿顺桥向添加此反应谱函数，振型组合方式选择默认 CQC，查看其分析结果，如图 1-9 所示。

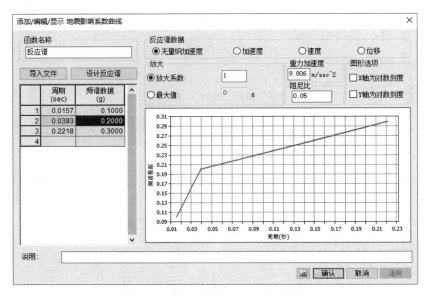

图 1-8　反应谱分析——反应谱荷载

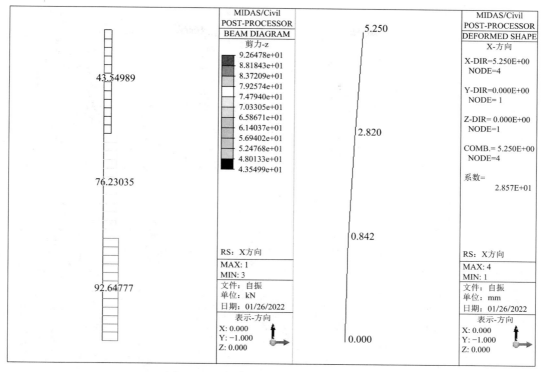

图 1-9　反应谱分析——剪力和位移结果

在 midas Civil 的**结果 > 模态 > 反应谱节点结果**菜单中，可以得到反应谱节点结果。程序给出了每阶模态惯性力和加速度的值，见图 1-10 和图 1-11。

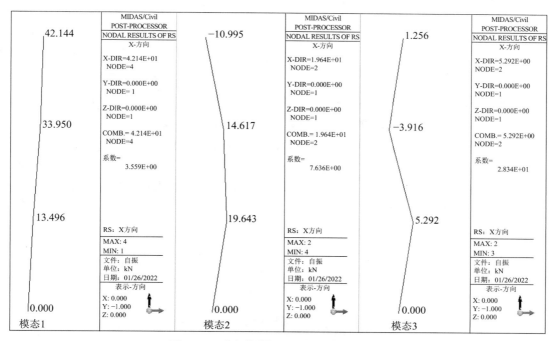

图 1-10　反应谱分析——各阶节点惯性力

荷载工况	模态	节点	FX (kN)	FY (kN)	FZ (kN)	MX (kN*mm)	MY (kN*mm)	MZ (kN*mm)
X方向	1	1	0.0000	0.0000	0.0000	0.0000	0.0000	0.0000
X方向	1	2	13.4960	0.0000	0.0000	0.0000	0.0000	0.0000
X方向	1	3	33.9498	0.0000	0.0000	0.0000	0.0000	0.0000
X方向	1	4	42.1435	0.0000	0.0000	0.0000	0.0000	0.0000
X方向	2	1	0.0000	0.0000	0.0000	0.0000	0.0000	0.0000
X方向	2	2	19.6427	0.0000	0.0000	0.0000	0.0000	0.0000
X方向	2	3	14.6174	0.0000	0.0000	0.0000	0.0000	0.0000
X方向	2	4	-10.9955	0.0000	0.0000	0.0000	0.0000	0.0000
X方向	3	1	0.0000	0.0000	0.0000	0.0000	0.0000	0.0000
X方向	3	2	5.2920	0.0000	0.0000	0.0000	0.0000	0.0000
X方向	3	3	-3.9164	0.0000	0.0000	0.0000	0.0000	0.0000
X方向	3	4	1.2560	0.0000	0.0000	0.0000	0.0000	0.0000

a) 反应谱分析——节点力表格

荷载工况	模态	节点	DX (m/sec^2)	DY (m/sec^2)	DZ (m/sec^2)	RX (rad/sec^2)	RY (rad/sec^2)	RZ (rad/sec^2)
X方向	1	1	0.0000	0.0000	0.0000	0.0000	0.0000	0.0000
X方向	1	2	0.6748	0.0000	0.0000	0.0000	1.2364	0.0000
X方向	1	3	2.2633	0.0000	0.0000	0.0000	1.8445	0.0000
X方向	1	4	4.2144	0.0000	0.0000	0.0000	2.0043	0.0000
X方向	2	1	0.0000	0.0000	0.0000	0.0000	0.0000	0.0000
X方向	2	2	0.9821	0.0000	0.0000	0.0000	1.0282	0.0000
X方向	2	3	0.9745	0.0000	0.0000	0.0000	-1.1892	0.0000
X方向	2	4	-1.0995	0.0000	0.0000	0.0000	-2.5165	0.0000
X方向	3	1	0.0000	0.0000	0.0000	0.0000	0.0000	0.0000
X方向	3	2	0.2646	0.0000	0.0000	0.0000	-0.1342	0.0000
X方向	3	3	-0.2611	0.0000	0.0000	0.0000	-0.2465	0.0000
X方向	3	4	0.1256	0.0000	0.0000	0.0000	0.7033	0.0000

b) 反应谱分析——节点加速度表格

图 1-11 反应谱分析——各阶节点惯性力和加速度表格结果

根据 midas Civil 分析设计原理，作用于节点上的加速度值按照式(1-10)计算，作用于节点上的节点惯性力值按照式(1-11)计算。

$$a_n^* = \Gamma_m \phi_n a_n = \phi_n^* a_n \tag{1-10}$$

$$F_n^* = \Gamma_m \phi_n m a_n = \phi_n^* m a_n \tag{1-11}$$

以第一阶模态对应的节点惯性力和节点加速度为例，4 号节点的节点加速度值为振型参与向量×反应谱中对应的速度值，即：

$$F_1^* = 1.432575 \times 0.3 \times 9.806 \times 10 = 42.1435 \text{kN}$$

$$a_1^* = 1.432575 \times 0.3 \times 9.806 = 4.21435 \text{m/s}^2$$

该计算结果与图 1-11 结果一致。

按式(1-11)得到了每一阶的节点惯性力（图 1-10），随后需要将其按照 CQC 方法进行组合，获得 4 号节点的剪力值。

CQC 方法的组合方式见式(1-12)~式(1-15)。

$$R_{\max} = \sqrt{\sum_{i=1}^{N} \sum_{j=1}^{N} R_i \rho_{ij} R_j} \tag{1-12}$$

$$\rho_{ij} = \frac{8\xi^2(1+r_{ij})r_{ij}^{3/2}}{(1-r_{ij}^2)^2 + 4\xi^2 r_{ij}(1+r_{ij})^2} \tag{1-13}$$

$$r_{ij} = \frac{\omega_i}{\omega_j}(\omega_j > \omega_i) \tag{1-14}$$

$$0 \leqslant \rho_{ij} \leqslant 1 \quad \rho_{ij} = 1(i=j) \tag{1-15}$$

式中：R_{max}——结构的地震作用效应；

R_i——结构第 i 阶振型地震作用效应；

R_j——结构第 j 阶振型地震作用效应；

ρ_{ij}——振型相关系数；

ξ——阻尼比；

r_{ij}——周期比；

ω_i——第 i 阶振型周期(s)；

ω_j——第 j 阶振型周期(s)。

值得注意的是，当阻尼比等于 0 时，CQC 方法和 SRSS（平方和开平方根）方法结果相同。r_{ij} 计算结果见表 1-1，ρ_{ij} 计算结果见表 1-2，$R_i r_{ij} R_j$ 计算结果见表 1-3。

r_{ij} 计算结果   表 1-1

r_{ij}	周期 j(s)	第一阶	第二阶	第三阶
周期 i(s)	—	0.221772	0.039306	0.015703
第一阶	0.221772	1	0.177236	0.070807
第二阶	0.039306	0.177236	1	0.399506
第三阶	0.015703	0.070807	0.399506	1

ρ_{ij} 计算结果   表 1-2

ρ_{ij}	第一阶	第二阶	第三阶
第一阶	1	0.001868	0.000407
第二阶	0.001868	1	0.009898
第三阶	0.000407	0.009898	1

$R r_{ij} R_j$ 计算结果   表 1-3

$R_i r_{ij} R_j$	剪力 j（kN）	第一阶（kN）	第二阶（kN）	第三阶（kN）	合计
剪力 i（kN）	—	42.144	−10.995	1.256	—
第一阶（kN）	42.144	1776.116736	−0.865445185	0.021557091	1775.272848
第二阶（kN）	−10.995	−0.865445185	120.890025	−0.136685915	119.8878939
第三阶（kN）	1.256	0.021557091	−0.136685915	1.577536	1.462407176
合计（kN）	—	1775.272848	119.8878939	1.462407176	1896.623149

故 4 号节点的设计剪力值为 $F_z = \sqrt{1896.623149} = 43.55024 \text{kN}$，与图 1-9 的结果基本一致。

在得到每一阶的响应后，节点的弯矩和位移计算同上述步骤。

在初步了解了反应谱的计算方法之后，以一个实际案例来讲述 midas Civil 中常规桥梁反应谱分析的一般步骤。

2 工程概况及模型简介

2.1 工程概况

本桥跨径布置为两联 3×32m。上部结构采用预应力混凝土连续箱梁，梁高 1.6m，主梁采用单箱三室结构。下部结构采用矩形桥墩，其中中墩采用 1.8m×1.8m 断面，交接墩采用 1.3m×1.6m 断面。中墩处不设盖梁，交接墩设置盖梁。基础采用桩基接承台基础，每个桥墩下设 4 根钻孔灌注桩，桩径 1.5m，各墩桩长均为 50m。本桥有限元模型如图 1-12 所示。

图 1-12　本桥有限元模型

本桥地震相关控制指标为：地震分区特征周期为 0.4s，场地类别为Ⅱ类，抗震设防烈度为 7 度（0.1g）。

2.2 模型简介

本桥模型采用梁单元建立，共有 665 个节点、587 个单元。建立模型的主要注意事项如下：

（1）支座模拟。支座模拟采用弹性连接模拟，固定方向约束刚度采用 $1×10^6$ kN/m，竖向刚度采用 $1×10^7$ kN/m。全桥支座布置如图 1-13 所示。

图 1-13　支座布置图

（2）桩基础模拟。桩基础的侧向约束刚度根据 m 值法计算得到，桩底节点约束 6 个方向的自由度。建立桩基础单元的流程如下：

①根据地勘报告中的土层情况，将桩长所在范围内的土分层，土层厚度比较大的土层可以细分为多个土层。

②根据桩基础的受力情况，桩基础上部位置会承受弯矩，而在底部位置接近轴向受力状态，故可以采用随着入土深度的增加而增大桩基础节点间距的建模方式，或采用均匀的桩基分段长度。

③根据地勘报告或根据土层特性查阅《公路桥涵地基与基础设计规范》(JTG 3363—2019)得到各层土的m值(动力计算为静力比例系数的2~3倍,通常取2.5倍)。

④根据下述公式计算各层土的侧向弹簧刚度。

采用m值法计算刚度的公式为:

桩身土侧向刚度(kN/m)= 动土比例系数m(kN/m^4)× 埋置深度(m)× 桩计算宽度(m)× 单元高度(m)。

⑤将节点布置在各层土的中心位置,建立桩基础单元,并施加边界。

(3)反应谱分析所需其余荷载工况。由于反应谱分析需要将自重转换为质量,故在基础模型中施加自重荷载及二期荷载。为了更精确考虑连续梁的桥墩内力,可施加预应力荷载,从而考虑预应力次反力对桥墩内力的影响。

除了上述恒载之外,根据《公路桥梁抗震设计规范》(JTG/T 2231-01—2020)第3.6条,在验算支座时,也需要考虑整体升降温(图1-14)带来的影响。

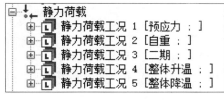

图1-14 静力荷载工况

3 E1反应谱分析及验算

3.1 振型计算

步骤1:点击"**结构 > 结构类型**"(图1-15)。

步骤2:点击"**荷载 > 静力荷载结构 > 将荷载转换成质量**"(图1-15)。

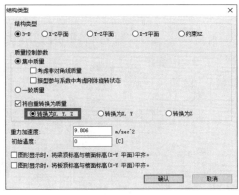   

a) 结构类型定义   b) 将荷载转换成质量

图1-15 结构类型定义及将荷载转换成质量

> 注:(1)抗震计算时,为了得到反应谱计算所需的周期和振型,需将自重转换为三个方向的质量。但在静力计算时,若只想得到冲击系数计算所需的振型,可只将自重转化为Z向的质量。
>
> (2)在荷载转换成质量中,自重形式定义 的荷载无法被转换。自重荷载定义中给定的自重系数在转换为质量时不起作用,程序仅采用材料的密度数据来计算质量。

步骤3:点击"**分析 > 特征值**"(图1-16)。

图 1-16 定义特征值分析控制

> 注：理论上，特征值分析的三种方法均可采用，但为了得到最有效的振型，建议采用多重 Ritz 向量法，可以更快地得到三个方向反应谱分析所需的振型。

步骤 4：点击 "**结果 > 振型 > 振型形状**"（图 1-17～图 1-19）。

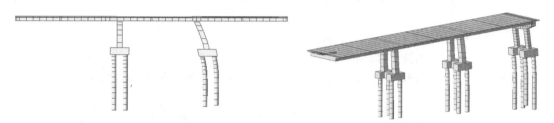

图 1-17　纵向主振型（周期 1.73s）　　　　图 1-18　横桥向主振型（周期 0.83s）

模态号	TRAN-X 质量(%)	合计(%)	TRAN-Y 质量(%)	合计(%)	TRAN-Z 质量(%)	合计(%)	ROTN-X 质量(%)	合计(%)	ROTN-Y 质量(%)	合计(%)	ROTN-Z 质量(%)	合计(%)
1	2.83	2.83	0	0	0	0	0	0	0.2	0.2	0	0
2	49.91	52.74	0	0	0	0	0	0	3.55	3.75	0	0
3	0	52.74	45.41	45.41	0	0	23.86	23.86	0	3.75	0	0
4	2.34	55.08	0	45.41	0	0	0	23.86	0.15	3.9	0	0
54	2.63	77.8	0.35	76.87	0	78.7	0.07	31.81	0.22	81.16	0	63.78
55	0.14	77.94	4.93	81.8	0.03	78.73	3.2	35.01	0.01	81.17	0.01	63.79
56	4.74	82.69	0.15	81.95	0	78.73	0.12	35.13	0.57	81.74	0	63.79
57	0.23	82.92	9.12	91.07	0	78.74	20.75	55.88	0.07	81.82	0	63.79
58	9.09	92.01	0.24	91.31	0	78.74	0.57	56.45	2.9	84.72	0	63.79
59	0.25	92.25	8.44	99.75	0.01	78.75	37.16	93.61	0.14	84.86	0	63.79
60	7.73	99.99	0.23	99.98	0	78.75	1.05	94.66	4.43	89.29	0	63.79

图 1-19　振型参与质量表（周期 0.74s）

> 注：(1) 振型计算结果主要是关注振型形态是否合理，一般前几阶振型就是比较明显的纵向和横向主振型。
>
> (2) 需要根据规范要求观察振型参与质量各方向均达到 90%（本桥只需计算顺桥向和横桥向，故只需关注 X 和 Y 方向的振型参与质量）。

3.2　E1 反应谱施加

步骤 1：点击 "**荷载 > 地震作用 > 反应谱函数**"（图 1-20～图 1-22）。

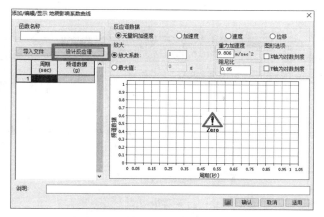

图 1-20　第一步添加设计反应谱

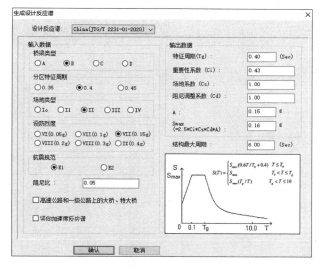

图 1-21　第二步生成设计反应谱

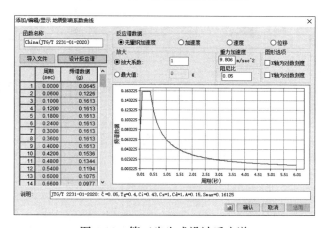

图 1-22　第三步生成设计反应谱

注：设计反应谱要根据地勘报告输入相关数据信息。

步骤2：点击**"荷载 > 地震作用 > 反应谱"**（图1-23、图1-24）。

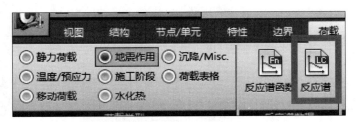

图1-23　添加反应谱荷载工况

图1-24　设置反应谱荷载工况

> 注：振型组合的计算方法中SRSS是CQC的一个特例，这里选择CQC可以自动考虑规范要求的振型相关性。

步骤3：点击**"结果 > 内力 > 梁单元内力图"**（图1-25、图1-26）。

图1-25　顺桥向反应谱内力图　　　　　图1-26　横桥向反应谱内力图

> 注：计算完反应谱效应后，不要急于进行后处理验算。可根据支座的约束情况检查计算得到的内力图是否和支座布置情况匹配。本实例仅在单个中墩位置设置固定支座，顺桥向反应谱内力结果如图 1-25 所示，固定支座位置桥墩内力较大，其余桥墩内力很小。横向支座布置在内侧桥墩，内力图也呈现出匹配的形态。交接墩顶、底都有约束，故横桥向呈现出 K 形内力。

3.3 反应谱后处理

步骤 1：点击 **"特性 > 弹塑性材料 > 非弹性材料特性值"**（图 1-27～图 1-32）。

图 1-27　非弹性材料特性值

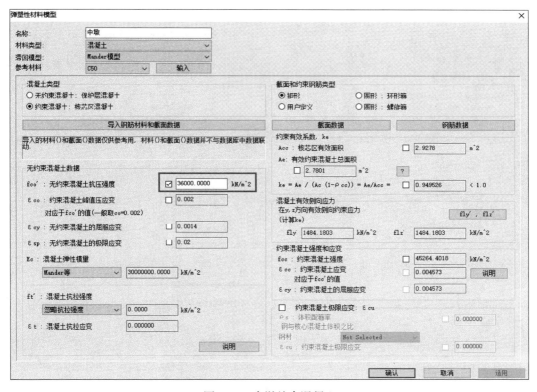

图 1-28　自动计算特性值

图 1-29　中墩约束混凝土

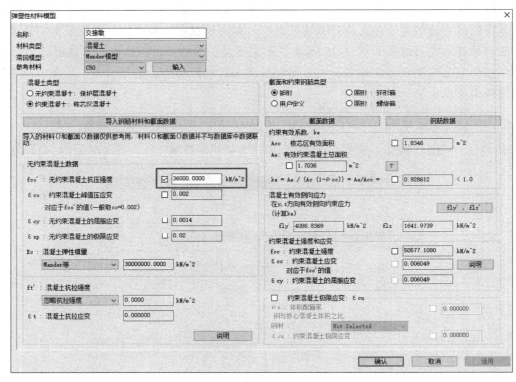

图 1-30　交接墩约束混凝土

图 1-31　无约束混凝土

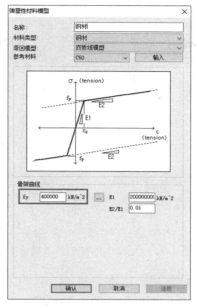

图 1-32 钢材

> 注：（1）定义非弹性材料本构模型的目的是得到 M-ϕ 曲线以计算纵向允许位移并判断结构的受力状态。混凝土材料的本构模型采用 Mander 本构模型，钢材采用双折线本构模型。
>
> （2）由于 Mander 本构模型中混凝土抗压强度采用圆柱体抗压强度，故需要将规范中混凝土立方体抗压强度乘以对应的修正系数，由于下部结构多采用 C30 或 C40 混凝土，故在实际的计算中可以采用 0.9 的修正系数（参考北京迈达斯技术有限公司《桥梁荟》2021 年一季刊）。
>
> （3）程序提供材料和截面钢筋导入功能，无须手动输入各参数，选择模型中的桥墩材料和桥墩配筋，程序可自动计算约束混凝土的相关参数。
>
> （4）在 E1 时即定义非弹性材料本构模型的目的在于使用 CDN（Civil Designer）进行 E2 验算时仅需要更新分析结果即可，无须重新创建新项目。

步骤 2：点击 **"设计 > CDN > 创建新项目"**（图 1-33、图 1-34）。

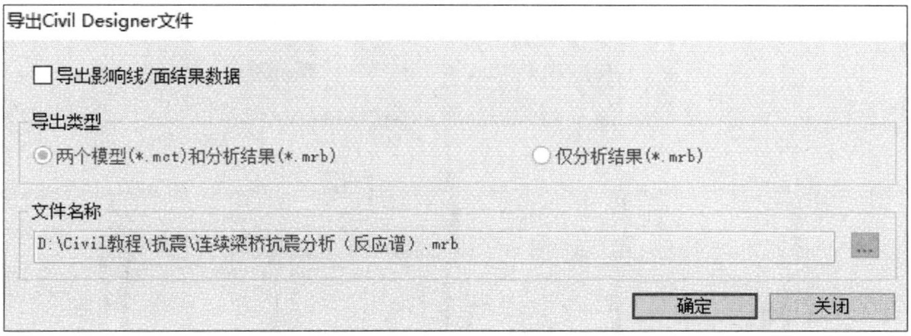

图 1-33 将计算数据导入 CDN

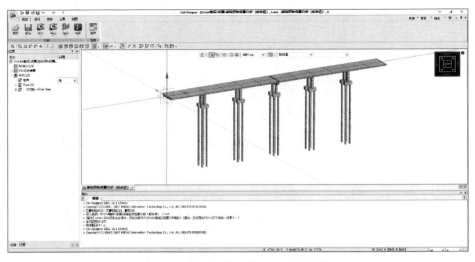

图 1-34　CDN 中的模型及结果数据

步骤 3：点击"**设计 > 设计规范**"（图 1-35）。

步骤 4：点击"**设计 > 构件 > 手动**"（图 1-36～图 1-38）。

　　图 1-35　选择设计规范

　　图 1-36　定义桥墩构件

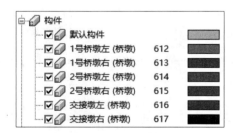

图 1-37　共定义 6 个桥墩构件

图 1-38　定义构件后模型效果

> 注：定义构件只需选择单个桥墩所有单元，点击"适用"即可。本桥为对称结构，两联可仅验算其中的一联。桥墩分为中墩和交接墩，沿顺桥向依次为1号桥墩、2号桥墩、交接墩。

步骤5：点击"设计 > 荷载组合 > 生成"（图1-39）。

步骤6：点击"设计 > 规范 > 设置"（图1-40）。

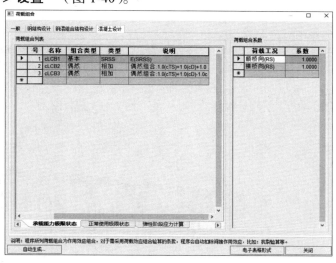

图1-39　生成荷载组合

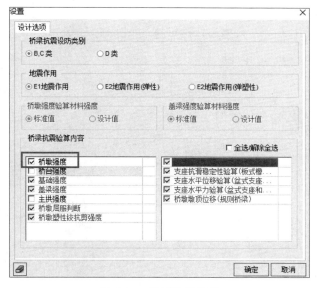

图1-40　设置验算信息

> 注：对于本实例，E1作用仅需验算桥墩强度。由于E2效应远大于E1效应，支座仅需验算E2地震作用下的相关内容。对于未定义对应类型的构件，即使勾选验算内容，也无法进行验算。

步骤7：点击"设计 > 运行设计 > 运行"（图1-41、图1-42）。

步骤 8：查看运行结果，双击树形菜单 **"RC 设计结果 > 桥墩强度验算"**（图 1-43～图 1-45）。

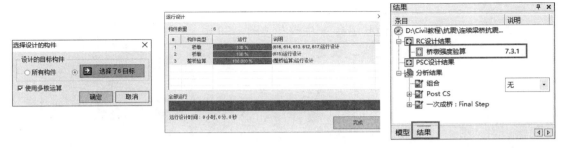

图 1-41　选择设计构件　　　图 1-42　运行设计　　　图 1-43　查看桥墩验算结果

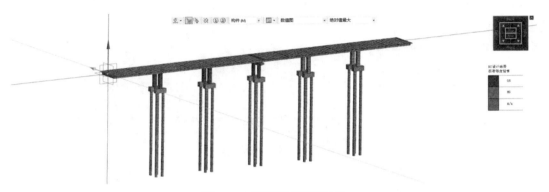

图 1-44　桥墩强度图形结果

构件	验算位置	组合名称	组类	结果	安全系数	x (m)	rNd (kN)	Nn (kN)	e (m)	e' (m)
1号桥墩左(桥墩)	0.000[292]	cLCB3	轴心 Fx-Min	OK	9.4053	0.0000	7104.8060	66822.6680	0.0000	0.0000
1号桥墩左(桥墩)	0.000[292]	cLCB3	偏心 Fx-Min(My)	OK	9.1556	1.8000	7104.8060	65048.4880	0.8469	-0.8400
1号桥墩左(桥墩)	0.000[292]	cLCB3	偏心 Fx-Min(Mz)	OK	9.1556	1.8000	7104.8060	65048.4880	0.8469	-0.8400
1号桥墩左(桥墩)	0.000[292]	cLCB2	偏心 My-Max(Fx)	OK	9.4145	1.8000	6909.3580	65048.4880	0.8469	-0.8400
1号桥墩左(桥墩)	0.000[292]	cLCB3	偏心 My-Min(Fx)	OK	9.1556	1.8000	7104.8060	65048.4880	0.8469	-0.8400
1号桥墩左(桥墩)	0.000[292]	cLCB2	偏心 Mz-Max(Fx)	OK	9.4145	1.8000	6909.3580	65048.4880	0.8469	-0.8400
1号桥墩左(桥墩)	0.000[292]	cLCB3	偏心 Mz-Min(Fx)	OK	9.1556	1.8000	7104.8060	65048.4880	0.8469	-0.8400
1号桥墩左(桥墩)	0.137[292]	cLCB3	轴心 Fx-Min	OK	9.2685	0.0000	7209.6205	66822.6680	0.0000	0.0000
1号桥墩左(桥墩)	0.137[292]	cLCB3	偏心 Fx-Min(My)	OK	9.0206	1.8000	7209.6205	65035.1520	0.8491	-0.8379
1号桥墩左(桥墩)	0.137[292]	cLCB3	偏心 Fx-Min(Mz)	OK	9.0205	1.8000	7209.6205	65034.1240	0.8493	-0.8377
1号桥墩左(桥墩)	0.137[292]	cLCB2	偏心 My-Max(Fx)	OK	9.2719	1.8000	7014.1725	65034.7760	0.8492	-0.8378
1号桥墩左(桥墩)	0.137[292]	cLCB3	偏心 My-Min(Fx)	OK	9.0206	1.8000	7209.6205	65035.1520	0.8491	-0.8379
1号桥墩左(桥墩)	0.137[292]	cLCB2	偏心 Mz-Max(Fx)	OK	9.2718	1.8000	7014.1725	65033.7200	0.8494	-0.8376
1号桥墩左(桥墩)	0.137[292]	cLCB3	偏心 Mz-Min(Fx)	OK	9.0205	1.8000	7209.6205	65034.1240	0.8493	-0.8377
1号桥墩左(桥墩)	0.326[747]	cLCB3	轴心 Fx-Min	OK	9.0857	0.0000	7354.7045	66822.6680	0.0000	0.0000
1号桥墩左(桥墩)	0.326[747]	cLCB3	偏心 Fx-Min(My)	OK	8.8350	1.8000	7354.7045	64979.0360	0.8586	-0.8289
1号桥墩左(桥墩)	0.326[747]	cLCB3	偏心 Fx-Min(Mz)	OK	8.8344	1.8000	7354.7045	64974.4840	0.8593	-0.8282
1号桥墩左(桥墩)	0.326[747]	cLCB2	偏心 My-Max(Fx)	OK	9.0754	1.8000	7159.7160	64977.1240	0.8589	-0.8286
1号桥墩左(桥墩)	0.326[747]	cLCB3	偏心 My-Min(Fx)	OK	8.8350	1.8000	7354.7045	64979.0360	0.8586	-0.8289
1号桥墩左(桥墩)	0.326[747]	cLCB2	偏心 Mz-Max(Fx)	OK	9.0747	1.8000	7159.7160	64972.4480	0.8596	-0.8279
1号桥墩左(桥墩)	0.326[747]	cLCB3	偏心 Mz-Min(Fx)	OK	8.8344	1.8000	7354.7045	64974.4840	0.8593	-0.8282
1号桥墩左(桥墩)	0.516[748]	cLCB3	轴心 Fx-Min	OK	9.9099	0.0000	7499.8490	66822.6680	0.0000	0.0000
1号桥墩左(桥墩)	0.516[748]	cLCB3	偏心 Fx-Min(My)	OK	8.5862	1.7862	7499.8490	64395.5240	0.8735	-0.8148
1号桥墩左(桥墩)	0.516[748]	cLCB3	偏心 Fx-Min(Mz)	OK	8.5735	1.7835	7499.8490	64299.9000	0.8748	-0.8135
1号桥墩左(桥墩)	0.516[748]	cLCB2	偏心 My-Max(Fx)	OK	8.8082	1.7848	7305.1995	64345.7120	0.8742	-0.8141
1号桥墩左(桥墩)	0.516[748]	cLCB3	偏心 My-Min(Fx)	OK	8.5862	1.7862	7499.8490	64395.5240	0.8735	-0.8148
1号桥墩左(桥墩)	0.516[748]	cLCB2	偏心 Mz-Max(Fx)	OK	8.7948	1.7821	7305.1995	64247.5560	0.8756	-0.8128
1号桥墩左(桥墩)	0.516[748]	cLCB3	偏心 Mz-Min(Fx)	OK	8.5735	1.7835	7499.8490	64299.9000	0.8748	-0.8135
1号桥墩左(桥墩)	0.811[288]	cLCB3	轴心 Fx-Min	OK	8.6490	0.0000	7726.1010	66822.6680	0.0000	0.0000
1号桥墩左(桥墩)	0.811[288]	cLCB3	偏心 Fx-Min(My)	OK	8.0532	1.7266	7726.1010	62219.9960	0.9045	-0.7853
1号桥墩左(桥墩)	0.811[288]	cLCB3	偏心 Fx-Min(Mz)	OK	8.0382	1.7234	7726.1010	62103.8240	0.9062	-0.7837
1号桥墩左(桥墩)	0.811[288]	cLCB2	偏心 My-Max(Fx)	OK	8.2474	1.7237	7531.5575	62116.2200	0.9060	-0.7839
1号桥墩左(桥墩)	0.811[288]	cLCB3	偏心 My-Min(Fx)	OK	8.0532	1.7266	7726.1010	62219.9960	0.9045	-0.7853
1号桥墩左(桥墩)	0.811[288]	cLCB2	偏心 Mz-Max(Fx)	OK	8.2316	1.7205	7531.5575	61997.1040	0.9077	-0.7822
1号桥墩左(桥墩)	0.811[288]	cLCB3	偏心 Mz-Min(Fx)	OK	8.0382	1.7234	7726.1010	62103.8240	0.9062	-0.7837
1号桥墩左(桥墩)	1.000[288]	cLCB3	轴心 Fx-Min	OK	8.4892	0.0000	7871.5075	66822.6680	0.0000	0.0000

图 1-45　桥墩强度表格结果

通过上述验算，说明桥墩在 E1 作用下强度满足要求。

步骤 9：生成整理计算书。点击 **"结果 > 计算书 > 整体 > 计算书设置"**，按照图 1-46 设置添加构件信息后点击 **"确定"**，随后点击 **"自动生成计算书"**，如图 1-47 所示。

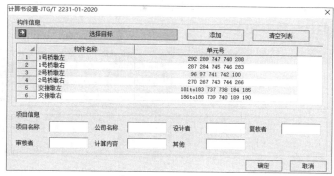

图 1-46　计算书设置

目录

一、基本信息 4
　1.1　工程概况 4
　1.2　技术标准 4
　　1.2.1　E1 地震作用 4
　　1.2.2　E2（弹性）地震作用 4
　　1.2.3　E2（弹塑性）地震作用 4
　1.3　主要规范 4
　1.4　结构概述 5
　1.5　主要材料及材料性能 5
　　1.5.1　混凝土 5
　　1.5.2　普通钢筋 5
　1.6　计算原则、内容及控制标准 5
二、模型建立及分析 6
　2.1　计算模型 6
　2.2　荷载工况及荷载组合 6
三、E1 抗震验算 9
　3.1　桥墩强度验算 9
　3.2　桥台强度验算 40
　3.3　基础强度验算 40
　3.4　盖梁抗弯强度验算 40
　3.5　盖梁抗剪强度验算 40
　3.6　主拱抗弯强度验算 40
　3.7　主拱偏压强度验算 41
　3.8　支座厚度验算（板式橡胶支座） 41
　3.9　支座抗滑稳定性验算（板式橡胶支座） 41
　3.10　支座水平位移验算（盆式支座和球形支座） 42
　3.11　支座水平力验算（盆式支座和球形支座） 42
四、E2（弹性）抗震验算 43
　4.1　桥墩强度验算 43
　4.2　桥台强度验算 43
　4.3　基础强度验算 43
　4.4　盖梁抗弯强度验算 43
　4.5　盖梁抗剪强度验算 43
　4.6　主拱抗弯强度验算 44

图 1-47　自动生成计算书

4 E2 反应谱分析及验算

4.1 E2 反应谱后处理（弹性）

步骤 1：点击 **"荷载 > 地震作用 > 反应谱函数"**，修改 midas Civil 中反应谱值为 E2（图 1-48～图 1-50）。

图 1-48　修改反应谱函数 1

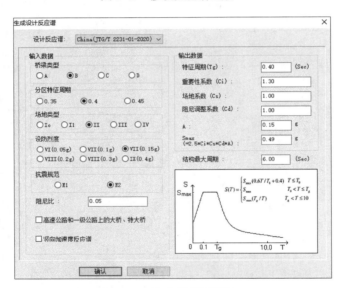

图 1-49　修改反应谱函数 2

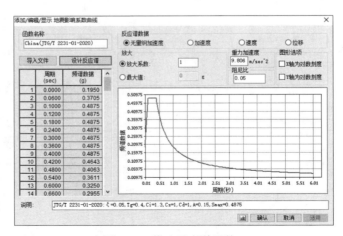

图 1-50　修改反应谱函数 3

步骤2：点击"**分析 > 运行分析**"，运行 midas Civil 模型（图 1-51）。

步骤3：点击"**设计 > CDN > 更新分析结果至当前运行项目**"，更新数据至 CDN（图 1-52）。

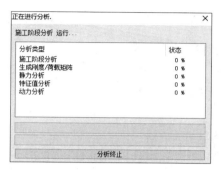

图 1-51　运行分析　　　　图 1-52　更新分析结果至当前运行项目

步骤4：点击"**设计 > 规范 > 设置**"，修改 CDN 验算内容（图 1-53）。

图 1-53　修改验算内容

注：（1）E1 与 E2 弹性阶段验算的方法是一样的，但材料的强度取值在《公路桥梁抗震设计规范》（JTG/T 2231-01—2020）中并未明确说明。根据《城市桥梁抗震设计规范》（CJJ 166—2011），E1 作用采用材料的设计强度，E2 采用材料的标准强度。而 CDN 在设置选项中提供了桥墩强度的取值，选用设计值还是标准值由用户决定。

（2）《公路桥梁抗震设计规范》（JTG/T 2231-01—2020）第 6.7.2 条明确了 E2 桥墩是否屈服的判断条件为等效屈服弯矩，故 CDN 提供了屈服判断的辅助验算项。

步骤 5：双击树形菜单"**RC 设计结果 > 桥墩屈服判断**"，查看运行结果（图 1-54～图 1-56）。

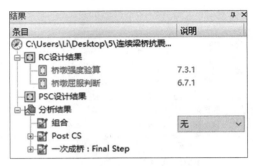

图 1-54　查看桥墩验算结果 1

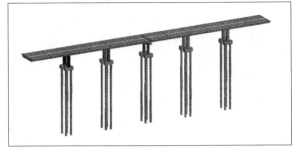

图 1-55　查看桥墩验算结果 2

构件	验算位置	组合名称	验算方向	结果	安全系数	M (kN.m)	Ms (kN.m)
2号桥墩左	0.810[100]	cLCB2	横桥向(Mz)	OK	11.4701	1842.4513	21133.0109
2号桥墩左	1.000[100]	cLCB2	顺桥向(My)	NG	0.9454	22687.3897	21448.4828
2号桥墩左	1.000[100]	cLCB2	横桥向(Mz)	OK	8.2962	2557.7956	21220.0571
交接墩右	0.000[186]	cLCB2	顺桥向(My)	OK	14.6358	763.2318	11170.4945
交接墩右	0.000[186]	cLCB2	横桥向(Mz)	NG	0.7440	12347.8968	9186.9594
交接墩右	0.147[186]	cLCB2	顺桥向(My)	OK	9.5125	1177.3222	11199.2566
交接墩右	0.147[186]	cLCB2	横桥向(Mz)	OK	1.0802	8526.9780	9211.2568
交接墩右	0.293[187]	cLCB2	顺桥向(My)	OK	6.9284	1620.1699	11225.2600
交接墩右	0.293[187]	cLCB2	横桥向(Mz)	OK	1.9695	4688.9190	9234.6132
交接墩右	0.431[188]	cLCB2	顺桥向(My)	OK	5.4739	2055.5340	11251.7499
交接墩右	0.431[188]	cLCB2	横桥向(Mz)	OK	8.6406	1071.2316	9256.0456
交接墩右	0.569[740]	cLCB2	顺桥向(My)	OK	4.5012	2505.1456	11276.2092
交接墩右	0.569[740]	cLCB2	横桥向(Mz)	OK	3.4997	2651.1575	9278.2674
交接墩右	0.707[740]	cLCB2	顺桥向(My)	OK	3.8113	2965.5731	11302.7031
交接墩右	0.707[740]	cLCB2	横桥向(Mz)	OK	1.5133	6145.0168	9299.3249
交接墩右	0.853[190]	cLCB2	顺桥向(My)	OK	3.2701	3464.8543	11330.2508
交接墩右	0.853[190]	cLCB2	横桥向(Mz)	NG	0.9442	9874.5549	9323.4381
交接墩右	1.000[190]	cLCB2	顺桥向(My)	OK	2.8594	3971.6227	11356.3095

图 1-56　查看桥墩验算结果 3

> 注：通过上述计算，1 号桥墩 E2 满足弹性要求，但 2 号桥墩及交接墩承载能力均不满足要求，说明其已进入塑性变形阶段，需验算其墩顶位移是否满足要求。

步骤 6：点击"**结果 > 计算书 > 整体 > 打开模板并更新数据**"，更新计算书（图 1-57）。

步骤 7：选择 E1 时生成整体计算书后更新 Word 文档（图 1-58、图 1-59）。

图 1-57　更新数据至计算书

图 1-58　全部更新文档

表格 9 桥墩屈服判断结论表

构件名称	是否通过
1号桥墩左（桥墩）	OK
1号桥墩右（桥墩）	OK
2号桥墩左（桥墩）	NG
2号桥墩右（桥墩）	NG
交接墩左（桥墩）	NG
交接墩右（桥墩）	NG

图 1-59 更新后的 Word 文档

4.2 E2 反应谱前处理（弹塑性）

桥墩强度不满足要求，根据规范需要对桥墩的刚度进行折减，采用 M-ϕ 曲线得到等效刚度，再通过程序提供的刚度调整系数实现。

在进行桥梁抗震分析时，在 E1 地震作用下，常规桥梁的所有构件抗弯刚度均应按全截面计算；在 E2 地震作用下，采用等效线弹性方法计算时，延性构件的有效截面抗弯刚度应按式(1-16)计算，但其他构件抗弯刚度仍应按全截面计算。

$$E_c I_{\text{eff}} = \frac{M_y}{\phi_y} \tag{1-16}$$

式中：E_c——桥墩的弹性模量（kN/m²）；

I_{eff}——桥墩有效截面抗弯惯性矩（m⁴）；

M_y——等效屈服弯矩（kN·m）；

ϕ_y——等效屈服曲率（1/m），可参见《公路桥梁抗震设计规范》（JTG/T 2231-01—2020）第 7.4.7 条。

步骤：点击"**特性 > 截面 > 截面管理器 > 刚度**"，修改桥墩刚度（图 1-60）。

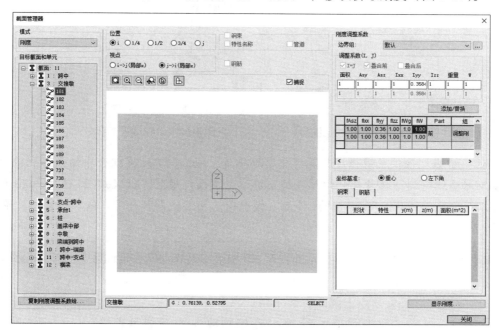

图 1-60 修改桥墩刚度

> 注：如果模型中存在施工阶段的定义，则修改桥墩刚度时，需要定义边界组，并在施工阶段激活相应的边界组。如果多个桥墩修改的刚度折减系数不同，需将这些桥墩的截面分别定义（即使配筋和形状一致）。修改完刚度后需要重新分析 midas Civil 模型，并更新数据至 Civil Designer。

桥墩有效截面抗弯惯性矩计算见表 1-4。

桥墩有效截面抗弯惯性矩计算　　　　　　　　表 1-4

桥墩名称	恒载轴力（kN）	M_y（kN·m）	ϕ_y（1/m）	E_c（kN/m²）	I_{eff}（m⁴）	全截面 I_{yy}（m⁴）	折减系数
1 号墩	7774	20035.636	0.0021918	3.25×10^7	0.281	0.8748	0.3212
2 号墩	7879	20099.347	0.0021879	3.25×10^7	0.283	0.8748	0.3235
交接墩	6443	10381.811	0.0030363	3.25×10^7	0.105	0.2929	0.3584

4.3 E2 反应谱后处理（弹塑性）

步骤 1：点击 **"设计 > 设计变量 > 参数"**，设定桥墩参数（图 1-61、图 1-62）。

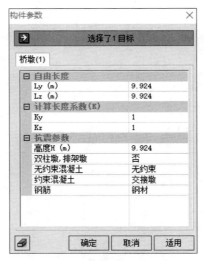
图 1-61　独柱墩设置参数

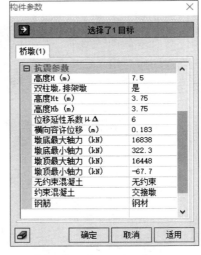
图 1-62　双柱墩设置参数

> 注：桥墩塑性铰抗剪强度验算的整体思路是，顺桥向取地震组合中的最不利轴力，根据 M-φ 曲线得到超强弯矩，按照《公路桥梁抗震设计规范》（JTG/T 2231-01—2020）第 6.7.4 条计算，从而得到剪力设计值。横桥向多柱墩轴力取自用户输入的最大、最小轴力值，取最不利计算超强弯矩。

图 1-62 中参数的获得参考本实例第 5.2 节和第 5.3 节。位移延性系数可按《公路桥梁抗震设计规范》（JTG/T 2231-01—2020）附录 D 进行计算或近似取 6.0。H_t 和 H_b 为"构件参数"中定义的墩柱反弯点上部及下部净高。

步骤 2：点击 **"树形菜单 > 参数 > 连接参数 > 右键显示表格"**，设定支座参数（图 1-63）。

No	名称	类型	节点1	节点2	对应墩柱顶节点号	设计	顺桥向滑动	横桥向滑动	橡胶厚度(m)	动摩阻系数	容许滑动水平位移(m)	容许最大水平力(kN)
1	抗震支座-1	盆式支座和球	467	335	335	☑	☑	☑			0.20	
2	抗震支座-2	盆式支座和球	468	323	323	☑	☑	☐			0.20	2000.00
3	抗震支座-3	盆式支座和球	469	127	127	☑	☐	☐				2000.00
4	抗震支座-4	盆式支座和球	470	135	135	☑	☐	☑			0.20	2000.00
5	抗震支座-5	未知	473	365		☐	☐	☐				
6	抗震支座-6	未知	474	373		☐	☐	☐				
7	抗震支座-7	未知	472	357		☐	☐	☐				
8	抗震支座-8	未知	471	351		☐	☐	☐				
9	抗震支座-9	未知	897	905		☐	☐	☐				
10	抗震支座-10	未知	903	911		☐	☐	☐				
11	抗震支座-11	未知	901	909		☐	☐	☐				
12	抗震支座-12	未知	899	907		☐	☐	☐				
13	抗震支座-13	未知	921	927		☐	☐	☐				
14	抗震支座-14	未知	922	923		☐	☐	☐				
15	抗震支座-15	盆式支座和球	915	928	230 236	☑	☑	☐			0.20	2000.00
16	抗震支座-16	未知	916	924		☐	☐	☐				
17	抗震支座-17	盆式支座和球	919	930	230 236	☑	☑	☑			0.20	
18	抗震支座-18	未知	920	926		☐	☐	☐				
19	抗震支座-19	盆式支座和球	917	929	230 236	☑	☑	☑			0.20	
20	抗震支座-20	未知	918	925		☐	☐	☐				
21	抗震支座-21	未知	900	908		☐	☐	☐				
22	抗震支座-22	未知	902	910		☐	☐	☐				
23	抗震支座-23	未知	898	906		☐	☐	☐				
24	抗震支座-24	未知	904	912		☐	☐	☐				

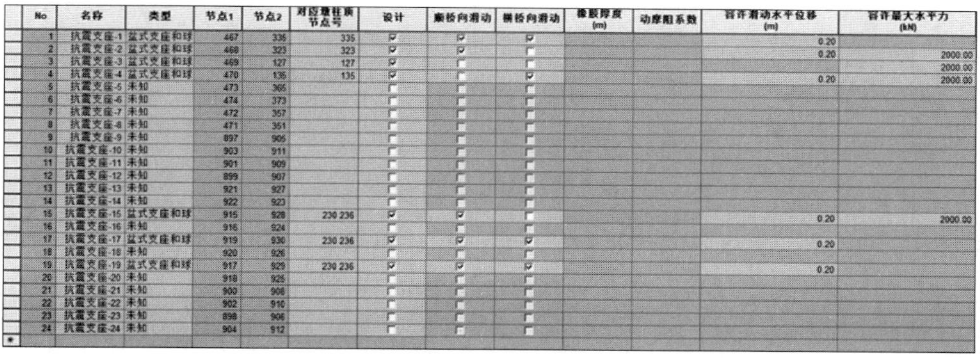

图 1-63　设置支座参数

注：根据《公路桥梁抗震设计规范》（JTG/T 2231-01—2020），需要定义支座对应的桥墩节点号，双柱墩或排架墩的情况下，需要输入多个桥墩顶部节点号，以空格分割，程序根据《公路桥梁抗震设计规范》（JTG/T 2231-01—2020）第 6.7.6 条计算得出以计算超强剪力下按能力保护构件设计时支座分配到的水平力设计值（横向多支座情况下取平均值），故在新版本中，无法直接通过“设计变量—连接”来直接设置支座。

步骤 3：点击**“设计 > 规范 > 设置”**，设定验算内容（图 1-64）。

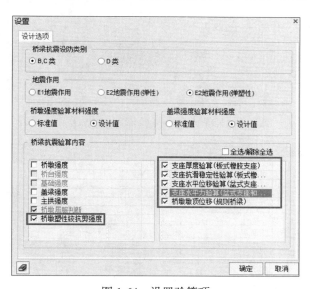

图 1-64　设置验算项

步骤 4：点击**“设计 > 运行设计”**，查看计算结果（图 1-65、图 1-66）。

输出

信息　支座水平位移验算(活动盆式支座和球形支座)

支座编号	名称	☑ 结果	安全系数(顺桥向)	顺桥向位移(m)	安全系数(横桥向)	横桥向位移(m)	容许滑动水平位移(m)
1	抗震支座-1	OK	2.019997	0.0990	17.623070	0.0113	0.2000
2	抗震支座-2	OK	2.019594	0.0990	99999.000000	0.0000	0.2000
4	抗震支座-4	OK	99999.000000	0.0000	8.925611	0.0224	0.2000
15	抗震支座-15	OK	2.708865	0.0738	99999.000000	0.0000	0.2000
17	抗震支座-17	OK	2.708424	0.0738	114.715179	0.0017	0.2000
19	抗震支座-19	OK	2.708057	0.0739	174.838303	0.0011	0.2000

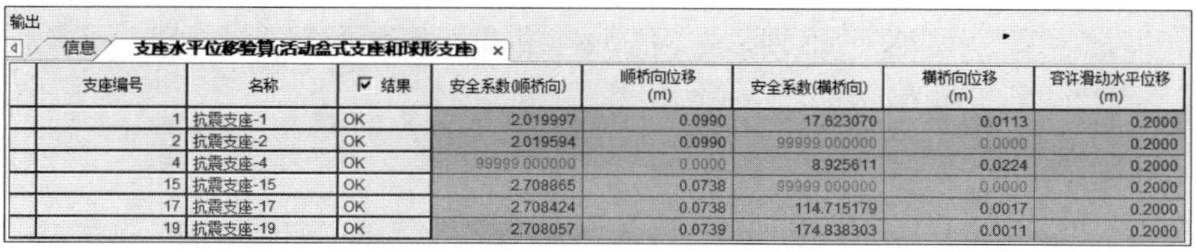

图 1-65　支座水平位移结果

支座编号	名称	结果	安全系数(顺桥向)	顺桥向水平力(kN)	安全系数(横桥向)	横桥向水平力(kN)	水平力容许值(kN)
2	抗震支座-2	OK	99999.000000	0.0000	2.457698	813.7695	2000.0000
3	抗震支座-3	OK	2.583444	774.1605	2.495976	801.2896	2000.0000
4	抗震支座-4	OK	2.503735	798.8067	99999.000000	0.0000	2000.0000
15	抗震支座-15	NG	99999.000000	0.0000	0.588843	3396.4940	2000.0000

图 1-66 支座水平力结果

> 注:支座选择方式是由标准组合下支座的竖向反力确定。而支座的水平承载能力仅为竖向力的 15% 左右,往往出现水平承载能力不满足地震作用的情况。此时需要设置必要的抗震设施与支座一起抵抗地震作用,抗震设施可参考地震作用下支座处的水平力大小来进行设计。桥墩塑性铰抗剪强度验算如图 1-67 所示。桥墩墩顶位移验算如图 1-68 所示。

构件	验算位置	组合名称	剪力方向	结果	安全系数	Vc0 (kN)	Vn (kN)
1号桥墩左(桥墩)	0.000[292]	cLCB3	顺桥向(Fz)	OK	2.3004	3201.8593	7365.5875
1号桥墩左(桥墩)	0.000[292]	cLCB3	横桥向(Fy)	OK	2.2587	3260.9862	7365.5875
1号桥墩左(桥墩)	0.137[292]	cLCB3	顺桥向(Fz)	OK	2.2977	3208.7168	7372.8245
1号桥墩左(桥墩)	0.137[292]	cLCB3	横桥向(Fy)	OK	2.2581	3265.1258	7372.8245
1号桥墩左(桥墩)	0.326[747]	cLCB3	顺桥向(Fz)	OK	2.2942	3218.1042	7382.8580
1号桥墩左(桥墩)	0.326[747]	cLCB3	横桥向(Fy)	OK	2.2564	3272.0043	7382.8580
1号桥墩左(桥墩)	0.516[748]	cLCB3	顺桥向(Fz)	OK	2.2906	3227.4610	7392.8915
1号桥墩左(桥墩)	0.516[748]	cLCB3	横桥向(Fy)	OK	2.2421	3297.3230	7392.8915
1号桥墩左(桥墩)	0.811[288]	cLCB3	顺桥向(Fz)	OK	2.2738	3258.2112	7408.5175
1号桥墩左(桥墩)	0.811[288]	cLCB3	横桥向(Fy)	OK	2.2411	3305.7798	7408.5175
1号桥墩左(桥墩)	1.000[288]	cLCB3	顺桥向(Fz)	OK	2.2700	3268.0777	7418.5510
1号桥墩左(桥墩)	1.000[288]	cLCB3	横桥向(Fy)	OK	2.2339	3320.9160	7418.5510
1号桥墩右(桥墩)	0.000[287]	cLCB3	顺桥向(Fz)	OK	2.3506	3133.4725	7365.5615
1号桥墩右(桥墩)	0.000[287]	cLCB3	横桥向(Fy)	OK	2.3199	3174.9657	7365.5615
1号桥墩右(桥墩)	0.137[287]	cLCB3	顺桥向(Fz)	OK	2.3477	3140.4485	7372.7985
1号桥墩右(桥墩)	0.137[287]	cLCB3	横桥向(Fy)	OK	2.3173	3181.5963	7372.7985
1号桥墩右(桥墩)	0.326[745]	cLCB3	顺桥向(Fz)	OK	2.3438	3150.0000	7382.8320
1号桥墩右(桥墩)	0.326[745]	cLCB3	横桥向(Fy)	OK	2.3145	3189.8605	7382.8320
1号桥墩右(桥墩)	0.516[746]	cLCB3	顺桥向(Fz)	OK	2.3398	3159.5470	7392.8655

图 1-67 桥墩塑性铰抗剪强度验算

构件	剪力方向	结果	安全系数	Δd (m)	Δu (m)
1号桥墩左(桥墩)	顺桥向(z)	OK	25.8684	0.0142	0.3678
1号桥墩左(桥墩)	横桥向(y)	OK	48.4637	0.0063	0.3035
1号桥墩右(桥墩)	顺桥向(z)	OK	25.9651	0.0142	0.3692
1号桥墩右(桥墩)	横桥向(y)	OK	17.6049	0.0174	0.3070
2号桥墩左(桥墩)	顺桥向(z)	OK	4.2372	0.0950	0.4025
2号桥墩左(桥墩)	横桥向(y)	OK	30.1793	0.0110	0.3313
2号桥墩右(桥墩)	顺桥向(z)	OK	4.2560	0.0950	0.4043
2号桥墩右(桥墩)	横桥向(y)	OK	10.1405	0.0330	0.3351
交接墩左(桥墩)	顺桥向(z)	OK	9.6331	0.0309	0.2974
交接墩左(桥墩)	横桥向(y)	OK	6.5384	0.0288	0.1880
交接墩右(桥墩)	顺桥向(z)	OK	9.6310	0.0309	0.2974
交接墩右(桥墩)	横桥向(y)	OK	6.5028	0.0289	0.1880

图 1-68 桥墩墩顶位移验算

步骤 5:点击 **"结果 > 计算书 > 整体 > 打开模板并更新数据"**,选择第 3.3 节生成的计算书,更新计算书。

步骤 6:更新 Word 文档。

步骤 7:删除整体计算书中的多余部分,更新目录域,最终计算书目录如图 1-69 所示。

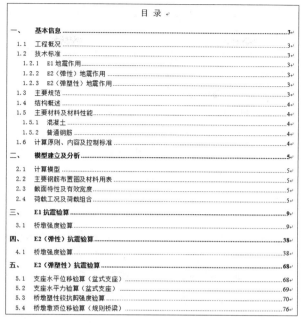

图 1-69 最终计算书目录

5 静力弹塑性分析求解横向剪力和容许位移

5.1 静力弹塑性分析目的及基础模型介绍

桥墩设计剪力需要按《公路桥梁抗震设计规范》(JTG/T 2231-01—2020)通过迭代的方法实现,规范实现步骤如下。

《公路桥梁抗震设计规范》(JTG/T 2231-01—2020)第 6.7.5 条规定,双柱墩和多柱墩塑性铰区域截面顺桥向超强弯矩和剪力设计值可按该规范第 6.7.4 条计算,横桥向超强弯矩和剪力设计值可按下列步骤计算。

（1）假设墩柱轴力为恒载轴力。

（2）按截面实配钢筋,采用材料强度标准值,按该规范式(6.7.2)计算出各墩柱塑性铰区域截面超强弯矩。

（3）计算各墩柱相应于其超强弯矩的剪力值,并按式(1-17)计算各墩柱剪力值之和。

$$Q = \sum_{i=1}^{N} Q_i \tag{1-17}$$

式中：Q_i——各墩柱相应于塑性铰区域截面的超强弯矩的剪力值(kN)。

（4）将 Q 按正、负方向分别施加于盖梁质心处,计算各墩柱所产生的轴力,如图 1-70 所示。

（5）将剪力和 Q 产生的轴力与恒载轴力组合后,采用组合的轴力,返回第（2）步进行迭代计算,直到相邻 2 次计算各墩柱剪力之和相差在 10% 以内。

（6）采用上述组合中的轴力最大压力组合,按第（2）步计算各墩柱塑性区域截面超强弯矩。

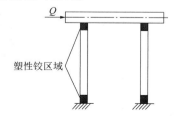

图 1-70 相应于墩柱达到超强弯矩时的轴力计算模式

（7）按第（3）步计算双柱墩和多柱墩塑性铰区域剪力设计值。

双柱墩横向允许位移不同于纵向允许位移，需要通过静力弹塑性分析得到。主要思路是通过位移控制，不断增加盖梁中心节点的横向位移量，随着横向位移的增加，桥墩出现塑性铰，墩顶（底）的曲率增大。一旦曲率达到极限曲率（考虑安全系数为2），此时墩顶盖梁中心的横向位移即为所求的位移值。

在推导的过程中，由于极限曲率与轴力直接相关，或者说极限曲率是通过计算桥墩的 $M\text{-}\phi$ 曲线得到的。整个过程中轴力在不断变化，极限曲率也随之变化，故需要通过迭代的方法才能得到最终的允许位移值。首先假设恒载轴力，计算极限曲率。再从计算曲率中找到此曲率对应的步骤，从而查阅此步骤下的轴力值，用此轴力计算新的极限曲率，继续查阅新的步骤，直至某一步骤的轴力和曲率与 $M\text{-}\phi$ 曲线计算得到的曲率正好匹配，停止迭代。

静力弹塑性分析模型中需要定义的边界条件与整体模型一致。支座通过节点荷载施加传递上部荷载，为了分离地震作用与恒载作用，将支座反力移至墩顶，另外需要考虑桥墩自重影响，还需要设置一个静力弹塑性分析工况，此工况为施加在控制节点上的一个水平力（力的大小在求解桥墩设计剪力时为迭代剪力和Q，位移计算中其值仅为确定推倒模式，可任意指定大小）。图1-71是静力弹塑性分析模型图及荷载工况。

图1-71 静力弹塑性分析模型图及荷载工况

5.2 静力弹塑性分析计算桥墩设计剪力

步骤1：点击"**Pushover > 整体控制**"，设置总体控制数据（图1-72）。

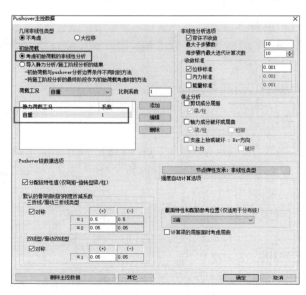

图1-72 Pushover主控数据

步骤 2：点击"Pushover > 荷载工况"，设置推倒工况（图 1-73）。

步骤 3：点击"Pushover > 特性 > 铰特性 > 定义 Pushover 铰特性值"，定义塑性铰特性值（图 1-74）。

图 1-73 Pushover 荷载工况

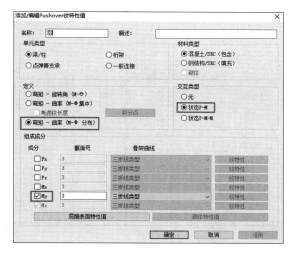
图 1-74 Pushover 铰特性

> 注：程序中 Pushover 铰特性值中，集中铰输出转角结果，分布铰输出曲率结果。交互类型中"无"需要用户自己定义弯矩和曲率的非线性关系，"P-M"是通过屈服面确定弯矩曲率的非线性关系，"P-M-M"是通过三轴屈服球确定非线性关系。对于混凝土结构"P-M-M"目前还无法实现。此处选择"P-M"，程序这里仅定义屈服面的定义规则，分配特性铰后，程序会根据这里的规则和程序的配筋情况计算最终的铰特性值。钢筋混凝土屈服面特性值如图 1-75 所示。

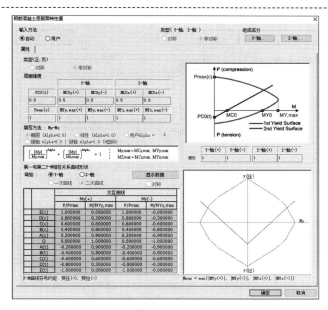
图 1-75 钢筋混凝土屈服面特性值

步骤4：点击"Pushover > 特性 > 铰特性 > 分配 Pushover 铰特性值"，分配铰特性值（图1-76）。

步骤5：查看自动计算铰特性值（图1-77～图1-79）。点击"树形菜单 > Pushover 分析 > 分配 Pushover 铰特性值"，选择某铰，点右键选择"特性"，点击"屈服表面特性值"。

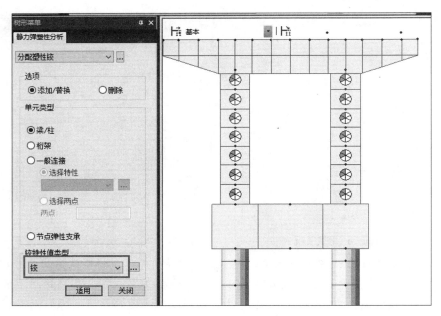

图 1-76　Pushover 分配铰特性值

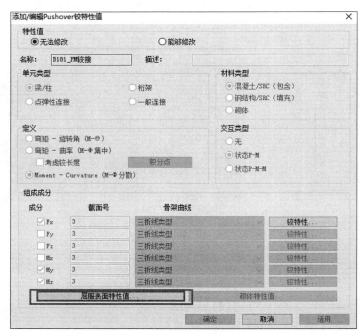

图 1-77　选择某铰特性值　　　　图 1-78　选择显示屈服面特性值

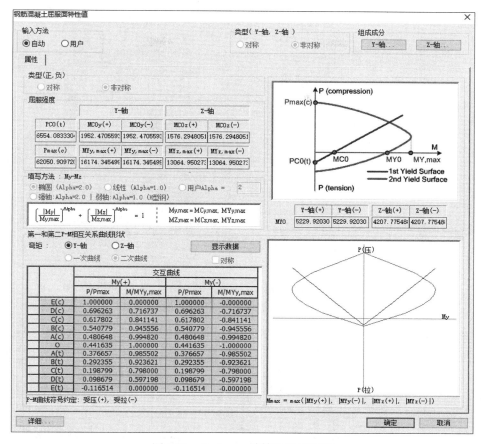

图 1-79 Pushover 计算后的屈服面

步骤 6：点击"**Pushover > 运行 > 运行分析**"，运行分析。

步骤 7：点击"**Pushover > Pushover 结果 > 内力 > 梁单元内力图**"，查看恒载轴力（图 1-80）。

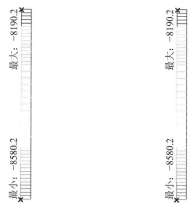

图 1-80 Pushover 计算后的屈服面

步骤 8：点击"**特性 > 塑性材料 > 弯矩曲率**"，计算恒载轴力作用下墩底 8580.2kN 轴力对应的极限弯矩（图 1-81）。

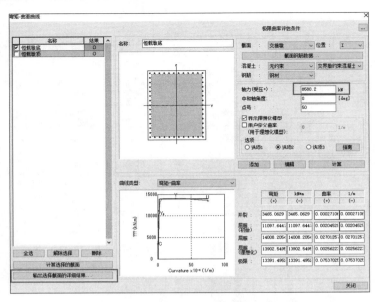

图 1-81 Pushover 计算恒载轴力下的极限曲率

根据输出 Word 文档表格可查看极限弯矩，见表 1-5。

极限弯矩　　　　　　　　　　　　　　　　　　　　　表 1-5

编号	曲率（1/m）	弯矩（kN·m）	编号	曲率（1/m）	弯矩（kN·m）
24	0.0200747	14000.6	27	0.0256531	14008.2
25	0.0218583	14006.2	28	0.0276644	14008.2
26	0.0237178	14009.7			

注：采用 M-ϕ 曲线计算极限曲率时，需要选择极限曲率评估条件（图 1-82），此处应以混凝土达到极限压应变为标准。

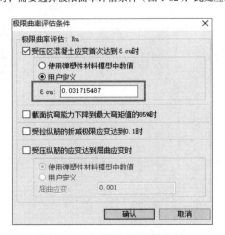

图 1-82 极限曲率评估条件

根据《公路桥梁抗震设计规范》（JTG/T 2231-01—2020）第 7.4.8 条，混凝土极限压应变的计算公式为：

$$\varepsilon_{\mathrm{cu}} = 0.004 + \frac{1.4\rho_{\mathrm{s}} f_{\mathrm{kh}} \varepsilon_{\mathrm{su}}^{\mathrm{R}}}{f_{\mathrm{cc}}'} \tag{1-18}$$

式中：ε_{cu}——混凝土极限压应变；
ρ_s——约束钢筋的体积含筋率；
f_{kh}——箍筋抗拉强度标准值；
ε_{su}^R——约束钢筋的折减极限应变，$\varepsilon_{su}^R = 0.09$；
f'_{cc}——约束混凝土的峰值应力，一般情况下可取 1.25 倍的混凝土抗压强度标准值。

Pushover 交接墩配筋如图 1-83 所示。

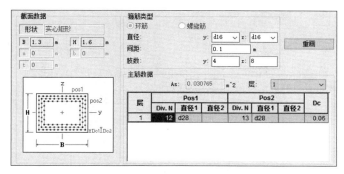

图 1-83 Pushover 交接墩配筋

下面计算恒载轴力对应的迭代剪力 Q。

通过上述方法可得到墩顶恒载轴力对应的极限弯矩。根据《公路桥梁抗震设计规范》（JTG/T 2231-01—2020）下述公式可计算得到桥墩剪力和，见表 1-6。

$$M_n = \phi^0 M_u \tag{1-19}$$

$$V_{c0} = \frac{M_n^t + M_n^b}{H_n} \tag{1-20}$$

式中：M_n——顺桥向和横桥向超强弯矩（kN·m）；
ϕ^0——桥墩极限弯矩超强系数，ϕ^0 取 1.2；
M_u——按截面实配钢筋，采用材料强度标准值，在最不利轴力作用下计算出的截面顺桥向和横桥向极限弯矩（kN·m）；
V_{c0}——塑性铰区域截面顺桥向和横桥向剪力设计值（kN）；
M_n^t——单柱墩墩顶塑性铰区域截面超强弯矩（kN·m）；
M_n^b——单柱墩墩底塑性铰区域截面超强弯矩（kN·m）；
H_n——取墩顶塑性铰中心到墩底塑性铰中心的距离（m）。

剪力和表格 表 1-6

位置	轴力（kN）	极限弯矩 M_u（kN·m）	超强弯矩 M_n（kN·m）	L_p（m）	H（m）	剪力 V_{c0}（kN）	Q（kN）
左底	8580	14010	16812	0.4928	7.5	4764	
右底	8580	14010	16812	0.4928	7.5	4764	9528
左顶	8190	13810	16572	0.4928	7.5	4764	
右顶	8190	13810	16572	0.4928	7.5	4764	

注：L_p 为等效塑性铰区铰长度，在本例中直接取 $L_p = 0.044 f_y d_s = 49.28 \text{cm}$，实际需要按《公路桥梁抗震设计规范》（JTG/T 2231-01—2020）第 7.4.4 条计算。

设置静力弹塑性分析工况静力荷载为上述 Q 值,查看考虑塑性铰后最后一步(推至 9528kN)轴力。

步骤 9:修改静力荷载工况后再推(图 1-84)。**点击"分析 > 运行 > 运行分析"**。点击**"Pushover > 运行 > 运行分析"**。

步骤 10:点击**"Pushover > Pushover 结果 > 内力 > 梁单元内力图"**,查看最后一步轴力。

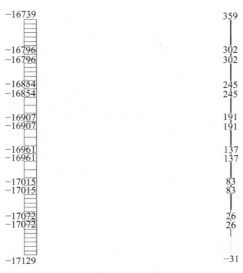

图 1-84 恒载轴力对应 Q 值下的轴力

根据此时的轴力计算桥墩顶底的超强弯矩及剪力和,方法与恒载轴力相同,并反复迭代直至剪力和两次迭代差 10% 以内。具体迭代结果见表 1-7、表 1-8。

第一次迭代结果   表 1-7

位置	轴力 (kN)	极限弯矩 M_u (kN·m)	超强弯矩 M_n (kN·m)	L_p (m)	H (m)	剪力 (kN)	Q (kN)	剪力差异
左底	17129	17857	21428	0.4928	7.5	6090	9195	-3.5%
右底	31	9189	11027	0.4928	7.5	3106		
左顶	16739	17704	21244	0.4928	7.5	6090		
右顶	-359	8946	10735	0.4928	7.5	3106		

第二次迭代结果   表 1-8

位置	轴力 (kN)	极限弯矩 M_u (kN·m)	超强弯矩 M_n (kN·m)	L_p (m)	H (m)	剪力 (kN)	Q (kN)	剪力差异
左底	16838	17743	21291	0.4928	7.5	6050	9218	0.2%
右底	322.3	9370	11244	0.4928	7.5	3168		
左顶	16448	17588	21106	0.4928	7.5	6050		
右顶	-67.7	9128	10954	0.4928	7.5	3168		

通过上述计算可见,试算迭代的收敛效率很高。第二次迭代仅为验证是否存在反复不

收敛的情况，实际迭代一次即可。

最终计算桥墩设计剪力所需轴力为表中结果，此轴力用于 CDN 设置多柱墩特性值。

5.3 静力弹塑性分析求解横向允许位移

计算横向允许位移静力模型与计算桥墩设计剪力模型一致，其中静力弹塑性分析工况下的集中力可任意输入，此处输入的集中力仅为告知程序推结构的模式，最终推力的大小是以某节点的设定位移为目标程序内部反算。

计算横向允许位移时，关于静力弹塑性分析整体控制和塑性铰定义与求剪力完全一样，见本章第 5.2 节。

（1）计算恒载轴力下的极限曲率

步骤：计算极限曲率（图 1-85）。点击"特性 > 塑性材料 > 弯矩曲率"，根据恒载墩底轴力（8580kN），通过 $M\text{-}\phi$ 工具计算得到极限曲率为 0.07537m^{-1}。

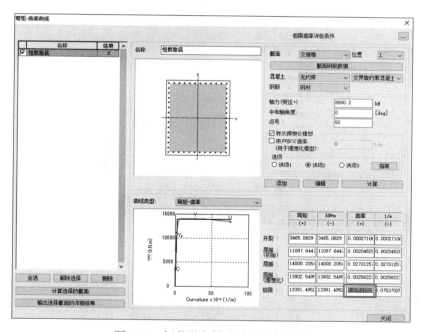

图 1-85　恒载墩底轴力对应极限曲率

（2）设定以位移为目标的推倒模式

步骤：定义推倒工况（图 1-86）。点击 **"Pushover > 荷载工况"**，设定盖梁中心节点横桥向允许位移 50cm，推倒步骤为 200 步。此步骤数仅为细化结构推倒过程的控制选项，保证最终曲率精度足够即可。

（3）运行分析得到恒载轴力对应极限曲率的荷载步

步骤 1：运行分析。点击 **"分析 > 运行 > 运行分析"**。点击 **"Pushover > 运行 > 运行分析"**。

步骤 2：查看计算曲率（图 1-87、图 1-88）。点击 **"Pushover > Pushover 结果 > 铰状态结果"**。选择结果类型为 **"变形"**，成分为 **"Ry"**，显示类型中选择 **"数值"**，数值中选择 **"最大绝对值"**。

注：此处 Ry 为绕桥墩单元的单元局部坐标轴Y方向，故在查看结果时应先确定单元坐标轴的方向。

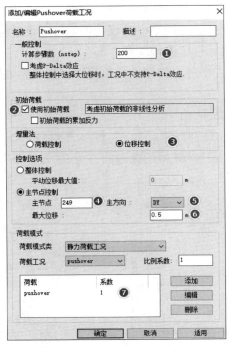

图 1-86　位移控制工况设定

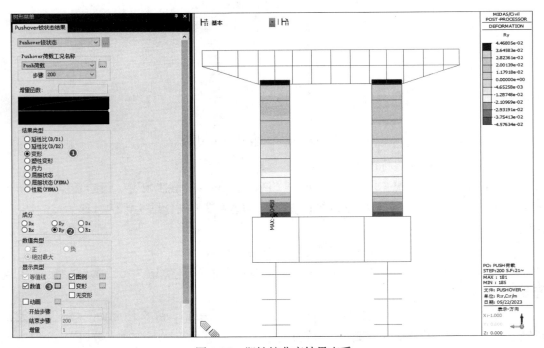

图 1-87　塑性铰曲率结果查看

> 注：变形中输出的R_y是曲率还是转角取决于铰特性中的定义，见图1-74。

选取图1-88中的步骤选项，观察桥墩最大曲率，寻找曲率为恒载轴力对应的极限曲率值0.07537m^{-1}。此例直至最后一步最大曲率仍仅为0.04545m^{-1}，说明结构达到极限状态时，墩底轴力与恒载轴力相差较大，此时可采用两种处理办法，一种是继续加大推倒的目标位移，一种是以此次推倒最后一步轴力计算极限曲率，并将其作为下次推倒的目标。考虑本例结构特征，目标50cm已经足够大，故采用第二种方法。

图1-88 设置为查看最大值

（4）根据此次推倒最后一步轴力计算极限曲率

查看最后一步桥墩左墩轴力（认为结构依然如图1-87左墩曲率最大），其轴力为27539kN，通过M-ϕ工具得到其极限曲率为0.03458m^{-1}。观察各步骤桥墩的最大曲率，会发现第148步墩底最大曲率为0.03458m^{-1}（推倒步骤数量的选择主要是为了得到更细致的分析结果，避免不同步骤之间曲率跳跃过大）。寻找匹配曲率步骤如图1-89所示。

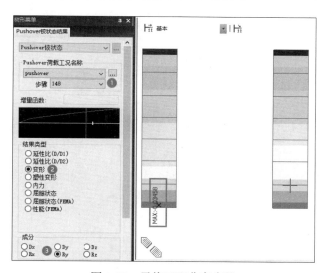

图1-89 寻找匹配曲率步骤

（5）根据新的轴力寻找下一个匹配步骤

第148步的轴力为23999kN，其对应的极限曲率为0.03897m^{-1}。按上述方法可寻找到第169步的最大曲率为0.03898m^{-1}，其轴力为25436kN。

根据上述方法可不断迭代下去，表1-9为迭代数据表格。

迭代数据表格 表1-9

迭代轴力 （kN）	极限曲率 （m^{-1}）	反查步数	反查步骤对应曲率 （m^{-1}）	反查轴力 （kN）	轴力差异	墩顶位移 （m）
8580	0.0799	200	0.04545	27539	220.97%	0.5
27539	0.0346	148	0.03458	23999	−12.85%	0.37
23999	0.0390	169	0.03898	25436	5.99%	0.4225
25436	0.0369	159	0.03689	24757	−2.67%	0.3975

规范关于允许位移要求考虑 2 的安全系数，故最终选择曲率为 $0.0360/2 = 0.018\text{m}^{-1}$ 的步骤位移作为最终的允许位移，查得为第 73 步计算位移 0.183m。

（6）总结

①抗震规范关于允许位移没有明确的迭代收敛标准。考虑到评估标准为极限曲率，桥墩轴力是影响极限曲率的主要因素，故本实例以此为收敛评估条件。

②抗震规范给出的安全系数为 2，本实例在迭代中并未考虑此安全系数，因为迭代的核心思想是找到某一步其轴力与上次迭代的假设轴力相近，如果此时考虑 2 的安全系数会使迭代思路混乱。迭代收敛后再考虑安全系数相对更容易操作。

③相对于求设计剪力，允许位移计算只需要推倒一次，可设置较大位移作为目标位移，设置足够多的加载步骤。如果最后一步依然不能满足极限曲率的要求，可将最后一步轴力作为下次迭代的起始值。

实例二

非规则桥梁时程分析

1 非规则桥梁概述

1.1 非规则桥梁定义

《公路桥梁抗震设计规范》（JTG/T 2231-01—2020）是针对常规桥梁的抗震设计规范，其中常规桥梁指的是单跨跨径不超过 150m 的圬工或混凝土拱桥、下部结构为混凝土结构的梁桥。

根据桥梁地震作用下动力响应的复杂程度，常规桥梁又可以分为规则桥梁和非规则桥梁两类。《公路桥梁抗震设计规范》（JTG/T 2231-01—2020）表 6.1.3 限定范围内的梁桥属于规则桥梁，规则桥梁地震反应以一阶振型为主，不在此表限定范围内的梁桥属于非规则桥梁，拱桥为非规则桥梁。梁桥对于规则、非规则的划分还要注意采用的支座类型，采用减隔震支座、滑板支座、容许普通板式橡胶支座与梁底或墩顶滑动等支座的梁桥亦属于非规则桥梁。《公路桥梁抗震设计规范》（JTG/T 2231-01—2020）中规则桥梁的定义见表 2-1。

规则桥梁的定义　　　　表 2-1

参数	参数值				
单跨最大跨径	≤90m				
墩高	≤30m				
单墩计算高度与直径或宽度比	大于 2.5 且小于 10				
跨数	2	3	4	5	6
曲线桥梁圆心角及半径 R	单跨 <30°且一联累计 <90°，同时曲梁半径 $R \geq 20b$（b 为桥宽）				
跨与跨间最大跨径比	≤3	≤2	≤2	≤1.5	≤1.5
轴压比	<0.3				
跨与跨间桥墩最大水平刚度比	—	≤4	≤4	≤3	≤2
支座类型	普通板式橡胶支座、盆式支座（铰接约束）和墩梁固接等。使用滑板支座、容许普通板式橡胶支座与梁底或墩顶滑动、减隔震支座等属于非规则桥梁				
下部结构类型	桥墩为单柱墩、双柱框架墩、多柱排架墩				
地基条件	不易冲刷、液化和侧向滑移的场地，远离断层				

1.2 非规则桥梁抗震计算方法

《公路桥梁抗震设计规范》（JTG/T 2231-01—2020）中对于规则桥梁和非规则桥梁，可选用的抗震分析计算方法见表 2-2。

桥梁抗震分析可采用的计算方法　　　　表 2-2

地震作用	桥梁分类					
	B 类		C 类		D 类	
	规则	非规则	规则	非规则	规则	非规则
E1	SM/MM	MM/TH	SM/MM	MM/TH	SM/MM	MM
E2	SM/MM	MM/TH	SM/MM	MM/TH	—	—

注：TH 表示线性或非线性时程计算方法；SM 表示单振型反应谱或功率谱方法；MM 表示多振型反应谱或功率谱方法。

在 E1 地震作用下，结构处于弹性工作范围，规则桥梁和非规则桥梁均可采用反应谱法计算。对于规则桥梁，由于其动力响应主要由一阶振型控制，因此在 E1 地震作用下可以采用简化的单振型反应谱法计算，在 E2 地震作用下可采用单振型或多振型反应谱法进行分析。

对于非规则桥梁，在 E2 地震作用下，可以采用反应谱、线性或非线性时程分析的方法计算。对于采用减隔震支座的非规则桥梁，在《公路桥梁抗震设计规范》（JTG/T 2231-01—2020）第 10.3.10 条中给出了采用多振型反应谱法迭代计算的具体方法。《公路桥梁抗震设计规范》（JTG/T 2231-01—2020）第 6.1.5 条～第 6.1.7 条提到的几种非规则梁桥，主跨超过 90m 的大跨径连续梁桥或墩柱已进入塑性工作范围且承台质量较大的连续刚构桥，6 跨以上一联采用纵向固定支座和活动支座的连续梁桥，斜桥和非规则曲线桥，按规范的建议 E2 地震作用应采用非线性时程方法进行抗震分析。

2 工程概述及模型简介

2.1 工程概况

本桥为位于某公路上的刚构桥，如图 2-1 所示，主梁跨度布置为（81 + 142 + 81）m。上部结构采用预应力混凝土连续箱梁，箱梁跨中以及边跨现浇段高 3.5m，墩顶 0 号块段梁高 9m，从中跨跨中至墩顶梁高以二次抛物线变化，0 号段长 11m，桥面宽 23m，主梁采用单箱双室结构。下部结构采用双肢薄壁墩，墩高 23m，顺桥向墩宽 1.8m，横桥向墩宽 15m，双薄壁截面的中心距 6.2m。基础采用桩基接承台基础，每个桥墩下设 15 根钻孔灌注桩，桩径 1.8m，各墩桩长均为 30m。

本桥地震相关控制指标为：地震分区特征周期为 0.4s，场地类别为II类，抗震设防烈度为 8 度（0.3g）。

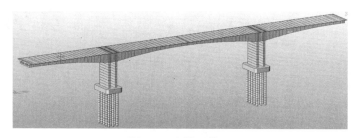

图 2-1 有限元模型

2.2 模型简介

本桥模型采用梁单元建立，共有 729 个节点、690 个单元。

步骤 1：定义材料/截面特性值（图 2-2～图 2-4）。点击"**特性 > 材料特性值**"。点击"**特性 > 截面特性值**"。点击"**特性 > 变截面组**"。

> 注：需要在定义好单元之后进行变截面组的定义，为了统一说明截面定义过程，特将变截面组定义列在此处。

步骤 2：点击"**结构 > 悬臂法桥梁**"，采用悬臂法建模助手建立初始化模型（图 2-5）。

图 2-2 材料定义

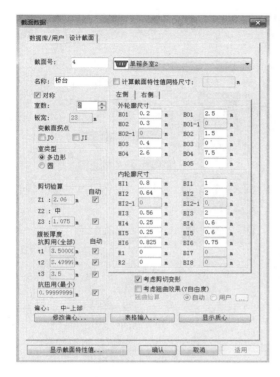
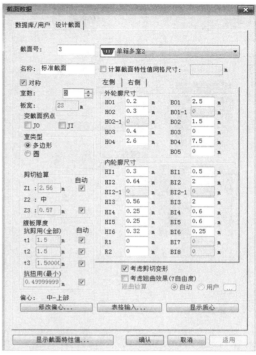
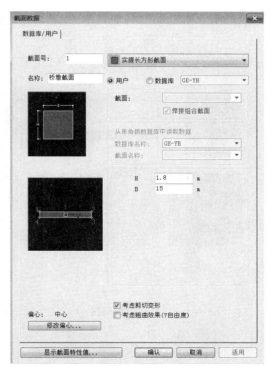

图 2-3

图 2-3

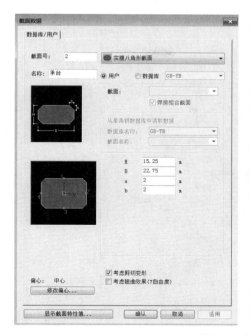
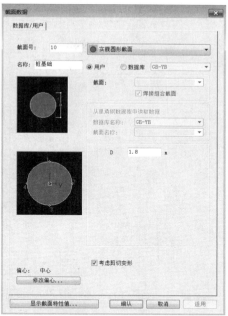

图 2-3　截面定义

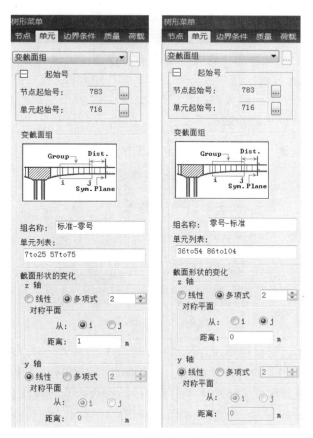

图 2-4　变截面组定义

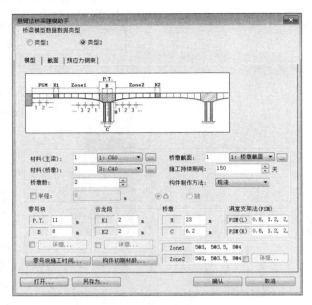

图 2-5　悬臂法桥梁建模助手

> 注：（1）建模助手可以生成桥墩，但是无法生成桩基础以及承台，需要手动建立。
> （2）桩土效应采用 m 值法计算，节点弹性支承添加，具体建模方法可以参考其他章节。
> （3）该建模助手只能生成简单施工阶段，并不能准确模拟出截面的分配情况，需要按实际结构重新分配单元截面（定义好的截面可以直接拖拽鼠标赋予生成好的相关单元），复杂变截面情况可以采用预应力混凝土（PSC）桥梁建模助手辅助进行截面修改。
> （4）本实例对实际结构的截面进行了简化，统一了截面变化的趋势，所以采用变截面组的方式就可以模拟主梁的变截面了。

步骤 3：点击"**荷载 > 施工阶段 > 定义施工阶段**"，修改施工阶段（图 2-6）。

图 2-6　施工阶段定义

> 注：进行动力分析的模型无须详细模拟分段浇筑的施工过程，只需定义几个关键施工阶段（最大悬臂状态、边跨现浇状态、边跨合龙、体系转换、中跨合龙等几个阶段）即可，这几个关键阶段体现了结构体系的转换，而结构体系的转换会影响最终成桥后墩顶轴力，所以施工阶段模拟的时候可以简化一下。

步骤 4：点击"**荷载 > 静力荷载 > 梁单元荷载**"，定义二期恒载/横梁重（图 2-7）。

图 2-7 定义二期等梁单元荷载

步骤 5：点击"**荷载 > 温度/预应力 > 钢束特性值**"，定义预应力钢束（图 2-8）。

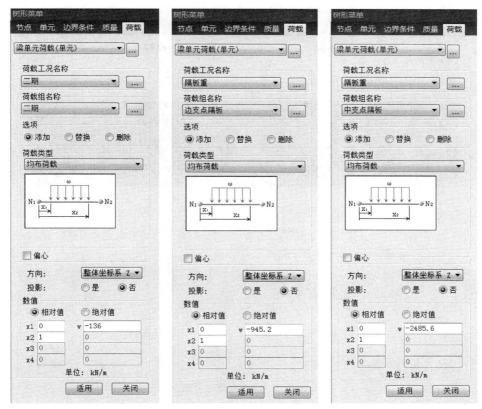

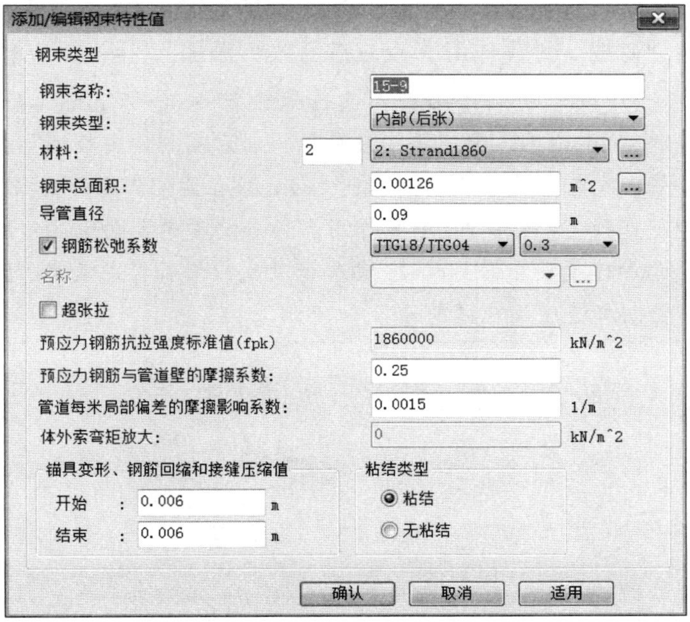

图 2-8 钢束特性值

点击"**结构 > 钢束快速生成器**"（图 2-9）。

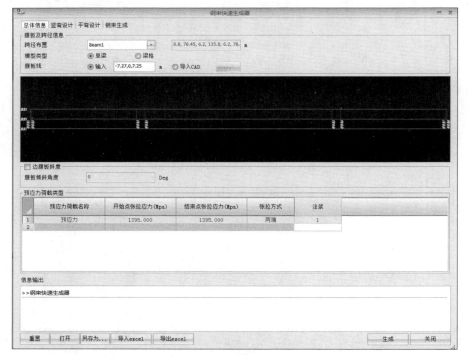

图 2-9 钢束形状生成器

> 注：钢束形状生成器可将 dwg 格式钢束大样直接导入程序中，极大加快了悬浇模型钢束建模效率。定义好总体信息之后，在菜单竖弯设计、平弯设计中直接导入钢束竖弯以及平弯线形即可，最后钢束生成菜单可以自动生成。

步骤 6：点击"**荷载 > 地震作用 > 反应谱函数 > 添加**"，定义反应谱函数（图 2-10）。

> 注：首先在生成设计反应谱函数界面选择设计规范"China（JTG/T 2231-01—2020）"，然后在左侧 Input data 中选择相应参数，则右侧"输出数据"会按左侧选择的参数进行自动修正，也可以不修改左侧参数，而直接在右侧"输出数据"中输入正确的参数值。抗震规范选择 E1 或者 E2 地震作用。如果要考虑竖向地震作用，那么要分别定义水平向和竖向加速度反应谱函数。竖向加速度反应谱函数定义时，还要在左侧 Input data 下方勾选"竖向加速度反应谱"。

图 2-10

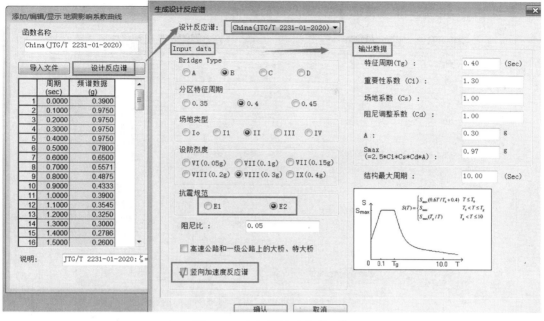

图 2-10 定义设计反应谱函数

步骤 7：点击"**结构 > 结构类型 > 将自重转换为质量**"，转化为质量（图 2-11）。点击"**荷载 > 静力荷载 > 荷载转化为质量**"（图 2-12）。

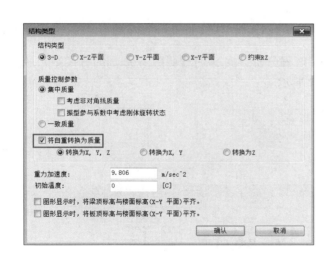

图 2-11 结构自重转化为质量

图 2-12 二期/隔板等荷载转化为质量

> 注：《公路桥梁抗震设计规范》（JTG/T 2231-01—2020）第 5.1.2 条 2 中指出，除需要考虑竖向地震作用的几种特殊桥梁之外的桥梁可只考虑水平向地震作用。本桥址位于抗震设防烈度为Ⅷ度区域，且属于大跨度结构即竖向地震作用引起的地震效应很显著的桥梁类型，故除了水平向地震作用之外，也要考虑竖向地震作用，所以在进行质量转换的时候，都选择了转换为X、Y、Z三个方向。

步骤 8：点击 **"分析 > 特征值"**，定义分析控制（图 2-13）。

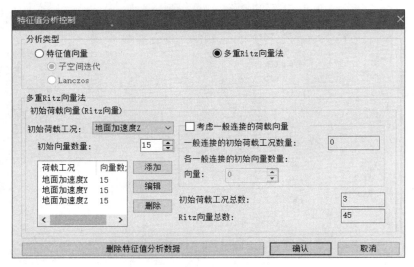

图 2-13　特征值分析控制选项

3　非线性时程分析前处理

时程分析（动力弹塑性分析）是纯粹的动力分析方法，不同于反应谱分析，时程分析可以考虑各时间点结构对地震的响应情况。时程分析主要涉及两大问题：动力荷载（地震波）的确定；材料非线性（塑性铰）的定义。

3.1　时程分析数据

步骤 1：点击 **"荷载 > 地震作用 > 时程分析数据 > 时程函数 > 添加时程函数"**，定义时程荷载函数（导入地震波，如图 2-14 所示）。

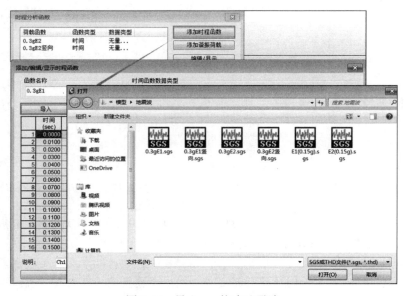

图 2-14　导入 sgs 格式地震波

步骤 2：添加时程荷载工况（图 2-15）。点击"**荷载 > 地震作用 > 时程分析数据 > 荷载工况**"，自定义名称，分析类型选择"**非线性**"，分析方法选择"**直接积分法**"，选择"**按加载顺序进入**"，接续前次，荷载工况选择"**CS：施工合计**"，阻尼计算方法选择"**质量和刚度因子**"。

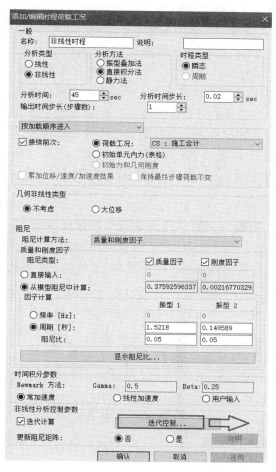
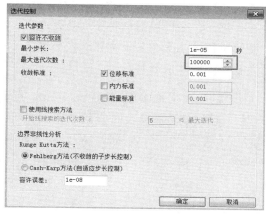

图 2-15　定义时程荷载工况

> 注：（1）每组地震波需要单独定义荷载工况。分析时间步长最好是计算最高阶振型周期的 1/10 或者地震波记录的时间间隔，另外分析时间步长不大于地震波记录的时间间隔。
> （2）接续前次的荷载工况可以选时程荷载工况（TH），而且还可考虑静力荷载工况（ST）、施工阶段荷载工况（CS）。接续前次的目的是考虑地震到来之前的内力状态，对于 PM 铰和一般连接中的摩擦摆支座可通过接续时变静力荷载（TH）才可以考虑初始状态。
> （3）桥梁抗震动主要的研究对象是桥墩，对于存在体系转换的桥型，施工方法对于桥墩的内力有显著影响，故本实例建模考虑施工阶段，并通过接续施工阶段荷载工况（CS）的方式计入成桥后的恒载效应。
> （4）结构的阻尼计算方法有很多种，按《公路桥梁抗震设计规范》(JTG/T 2231-01—2020) 的建议，本实例采用瑞利阻尼也即质量和刚度因子阻尼，本章后面会详细介绍。

（5）动态时程分析针对多节点、多自由度结构有限元动力模型建立振动方程，采用逐步积分法对方程进行求解，计算地震过程中每个时刻结构的位移、速度和加速度反应，从而分析出结构在地震作用下弹性和非弹性阶段的内力变化以及开裂、损坏全过程。目前常用的积分法分为显示积分和隐式积分两大类。midas Civil 中采用的是隐式积分法中比较常用的 Newmark-β 法，Newmark-β 法包含常用的等加速度法和线性加速度法。研究表明，当线性加速度 $\beta \geqslant 1/4$ 时，是无条件稳定的；而当 $0 \leqslant \beta < 1/4$ 时，是有条件稳定的；常加速度 $\beta = 1/4$，属于无条件稳定；$\beta = 1/6$，根据具体情况有可能不收敛，是有条件稳定的，其条件要满足不同的 β 值时 $\Delta t/T$ 的限值，而多自由度体系高阶振型周期一般较短，时间步长 Δt 就需要取很小的值才能使结果收敛，计算效率很低，积分也比较困难。从计算精度的角度，$\beta = 1/5$ 可以得到最好的计算精度，线性加速度法次之，常加速度再次之。因为时程分析属于动力弹塑性分析，所以要查看时程分析结果是否收敛，在迭代控制中要修改最大迭代次数，可以赋予 10 万次等较大数值，这样程序运行过程中反复在某一步骤迭代的情况下，就可以判断此时模型可能没有收敛，从而要去修改铰特性值等参数。

步骤 3：定义地面加速度（图 2-16）。点击"**荷载 > 地震作用 > 时程分析数据 > 地面**"，时程荷载工况名称选择"**非线性时程**"（选择对应的时程工况名称），X/Y/Z-方向时程分析函数选择"**函数名称**"（地震波名称），点击"**添加**"。

注：每条地震波需要独立定义一个地面加速度荷载。角度可考虑地震波的空间方位，输入地面加速度水平方向绕整体坐标系 Z 轴旋转的角度。以 X 轴为准，逆时针为正值，顺时针为负值。《公路桥梁抗震设计规范》（JTG/T 2231-01—2020）第 6.2.5 条规定，曲线桥地震反应分析角度可分别沿一联两端桥墩连线方向和垂直于连线水平方向进行多方向的地震动输入，以确定最不利输入方向。

3.2 选波（人工拟合地震波、强震记录）

进行时程分析之前首先要确定合适的设计地震动时程，地震波选取的合理性和准确性是影响时程分析结果是否符合实际情况的重要因素之一。《建筑抗震设计规范（2016 年版）》（GB 50011—2010）提出正确选择输入的地震加速度时程曲线，要满足地震动三要素的要求，即频谱特性、有效峰值和持续时间均要符合规定。已进行地震安全性评价的桥址，设计地震动时程应根据地震安全性评价的结果确定。

图 2-16 定义地面加速度

《公路桥梁抗震设计规范》（JTG/T 2231-01—2020）第 5.1.4 条规定了几种需要进行地震安全性评价的情况，A 类桥梁、抗震设防烈度为Ⅸ度地区的 B 类桥梁，应根据专门的工程场地地震安全性评价确定地震作用。抗震设防烈度为Ⅷ度地区的 B 类桥梁，宜根据专门的工程场地地震安全性评价确定地震作用。

地震波数据可以由 Excel 文件导入到 midas Civil 生成时程荷载函数。如果直接将 Excel

中数据拷贝到时程函数中，因为数据量较多，不太容易选择，可以将 Excel 格式另存为 csv 格式，然后用任一种文本编辑器（如 Word、记事本等）打开这个 csv 文件，将第一行内容写为"**1"（注意：第一行为固定格式，必须以"**1"开头，后面可以输入其他字符），然后将此文件修改扩展名为"dbs"，如图 2-17 所示。

步骤 1：运行地震波数据生成器（图 2-18）。点击"**工具 > 数据生成器 > 地震数据生成器**"。点击"Generate > Earthquake Record > Import"。

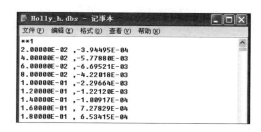 

图 2-17　扩展名为"dbs"的地震波数据文件　　图 2-18　导入 dbs 格式地震波数据

导入前面生成的扩展名为"dbs"的文件，必要时可以在对话框中调整地震波数据的峰值和持时，然后点击"**OK**"。将导入的地震波数据保存为扩展名为"sgs"的时程荷载函数文件，如图 2-19 所示。

图 2-19　保存为 sgs 格式时程函数

生成的扩展名为"sgs"的地震波文件将通过添加时程荷载函数的方式导入，具体参考第 2.1 节中步骤 1。

根据《公路桥梁抗震设计规范》（JTG/T 2231-01—2020）第 5.3.2 条，未做地震安全性评价的桥梁工程场地，可根据规范设计加速度反应谱，合成与其匹配的设计加速度时程；也可以选用与设定地震震级、距离大体相近的实际地震动加速度记录，通过调整使其反应谱与本规范设计加速度反应谱相匹配，每个周期值对应的反应谱幅值的相对误差应小于 5%

或绝对误差应小于 0.01g。无论采用哪种方式生成地震加速度时程，目标都是要与设计反应谱相匹配。

以规范设计反应谱为目标可以拟合人工地震波。

步骤 2：运行地震波数据生成器（图 2-20）。点击"**工具 > 数据生成器 > 人工地震**"。点击"**新建 > 添加 > 设计谱 > Design Spectrum**"。

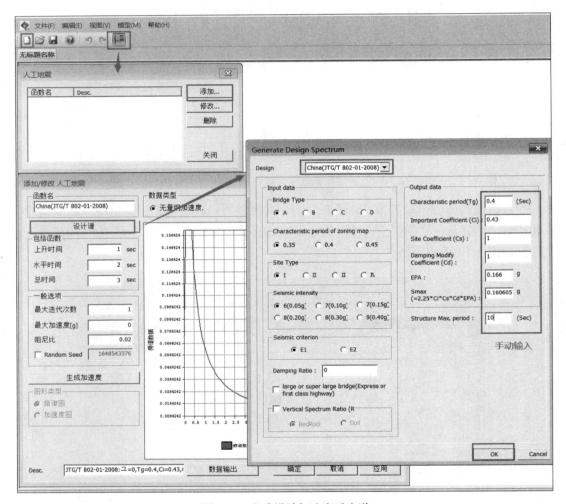

图 2-20　生成设计加速度反应谱

注：（1）目前在人工地震生成器工具中尚未嵌入《公路桥梁抗震设计规范》（JTG/T 2231-01—2020）设计反应谱函数，可以采用《公路桥梁抗震细则》（JTG/T B02-01—2018）中的设计反应谱函数，然后在右侧手动输入 T_g、C_i、C_s、C_d 和 EPA 等参数。

（2）需要注意的是，计算 S_{max} 时，由于《公路桥梁抗震设计规范》（JTG/T 2231-01—2020）反应谱函数公式中常数由 2.25 修改为 2.5，所以可以在输入 EPA 值时将该常数调整考虑进去，保证 S_{max} 值与《公路桥梁抗震设计规范》（JTG/T 2231-01—2020）计算结果一致。

设计反应谱函数生成的人工地震波如图 2-21 所示。

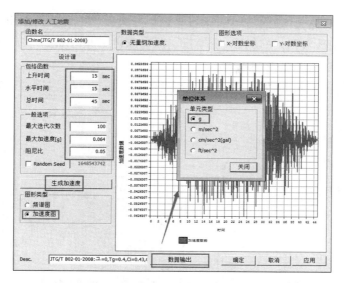

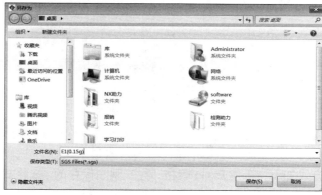

图 2-21 设计反应谱函数生成的人工地震波

注：(1) 包络函数中上升时间可以理解为地震波逐步增强至加速度峰值的时间，水平时间为生成的地震波保持接近峰值加速度的持续时间，总时间为生成的地震波总时长。

(2) 一般选项中最大迭代次数中通过试算输入一个合理数值，迭代次数越多计算结果越精确，即地震波对应的谱函数与设计反应谱幅值的差值越小，但是也不用过大，超过一定数值之后精度差异不大，最大加速度输入设计反应谱最大值$S_{max}/2.5$，阻尼比对于混凝土结构输入 0.05。

(3) 上述参数都输入完成之后点击生成加速度，可以生成两种图形类型，一个为频谱图即反应谱函数，另一个为加速度图即生成的人工地震波。在频谱图中会同时显示两条谱函数，红色为设计反应谱函数，绿色为地震波生成的反应谱函数，通过图片可以初步查看两者的吻合情况，由于此工具生成的人工波是以设计谱为依据，所以两者差异不会太大，但是实际操作中计算反应谱函数和设计反应谱函数的主振型周期对应的谱值差异也要满足相对误差小于 5%和绝对误差应小于 0.01g，如果不能满足上述要求，也要对地震波进行调幅，调幅的具体方法可以参考《建筑抗震设计规范（2016 年版）》（GB 50011—2010）。

点击"数据输出"，可以生成的扩展名为"sgs"的地震波文件，将其通过添加时程荷载函数的方式导入，具体参考 2.1 节中步骤 1。如果导入人工地震波数据出现如图 2-22 所示的"[错误]时程函数数据内有错误。(项目：内容超过了 80-Byte)"，则可以删除"说明"文本框内的内容，然后就可以导入了。

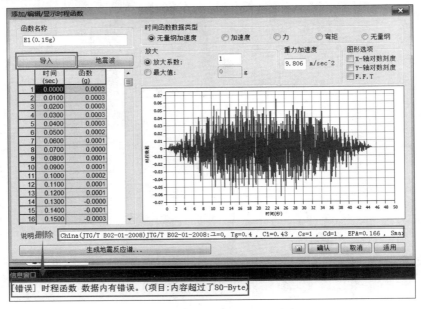

图 2-22　导入生成的人工地震波

生成的人工地震波可以转化为反应谱，并导出扩展名为"sgs"的谱函数，方法同上述生成人工地震波，区别只是在图形类型中选择"频谱图"。比较人工地震波的谱函数和设计反应谱函数幅值的方式如下：新建 Excel 表格，打开刚刚保存的 sgs 格式的频谱图数据（格式要选择所有文件），第 2 步分隔符号要同时勾选 Tab 健和逗号。此时可以得到 Excel 格式的人工地震波反应谱函数。midas Civil 中同时也可以将设计反应谱函数复制到该 Excel 表格中，进行反应谱幅值的比较。人工地震波反应谱数据如图 2-23 所示。

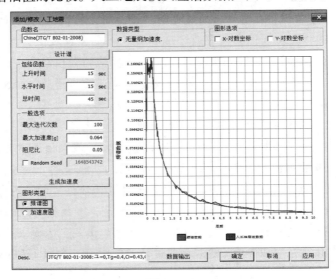

图　2-23

非规则桥梁时程分析 | 实例二

图 2-23 人工地震波反应谱数据

步骤3：点击"**荷载 > 反应谱函数 > 添加 > 设计反应谱**"，设计反应谱函数（图 2-24）。

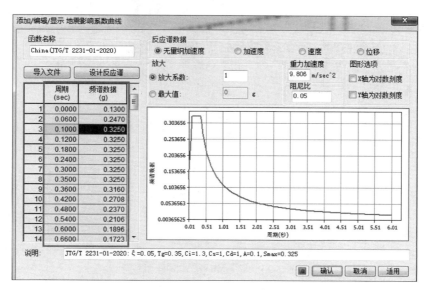

图 2-24 设计加速度反应谱

选择实际地震动加速度记录时，也要满足地震动三要素，即地震波的周期应尽量接近于桥址场地的卓越周期、最大峰值加速度应符合桥梁所在地区的设防要求、地震波持续时间原则上采用时间较长的地震记录，有效持续时间一般要满足为结构基本周期的 5~10 倍。可以采用一些软件提供的选波工具。选出的实录地震波是否可用，还要进行由时域到频域的转换，生成该地震波的加速度反应谱，并且与规范的设计反应谱幅值进行比较，满足误差的要求。

对于实际地震动加速度记录或安评后的地震波，midas Civil 也提供了地震数据生成器工具可以实现地震波的时域到频域的转换，即生成地震波对应的反应谱函数。

步骤 4：运行地震波数据生成器（图 2-25）。点击"**工具 > 数据生成器 > 地震数据生成器**"。点击"Generate > Earthquake Response Spectra > Import"。

Import 可以导入人工波，仅支持 dbs 格式文件；Damping Ratio 为阻尼比；Output Period 为输出的周期范围及间隔；Spectrum 是谱类型，包括 Pseudo Acceleration 拟加速度、Pseudo Velocity 拟速度、Absolute Acceleration 绝对加速度、Relative Velocity 相对速度、Relative Displacement 相对位移、Combined D-V-A(Tripartite)组合位移-速度-加速度。

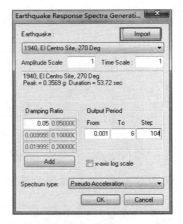

图 2-25　导入 dbs 格式时程函数

> 注：注意阻尼比的输入，不同的阻尼比生成的谱函数是不同的。Step 中输入的步骤数量越多，生成的谱函数越精确，但是随着数值的增大误差会越来越小，所以适当输入这个数值即可。

点击"OK",生成地震波对应的反应谱函数,保存为扩展名为"sgs"格式的文件。生成地震波对应的反应谱函数如图 2-26 所示。

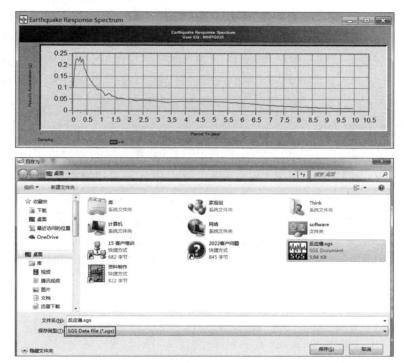

图 2-26　生成地震波对应的反应谱函数

新建 Excel 表格,打开刚刚保存的 sgs 格式的拟加速度谱数据,第 2 步分隔符号要同时勾选 Tab 健和空格(过程同上)。此时可以得到 Excel 格式的反应谱函数,完成了地震波的时域转化。midas Civil 中同时可以将设计反应谱函数复制到该 Excel 表格中,进行反应谱幅值的比较。图 2-27 是地震波的谱函数导出至 Excel。

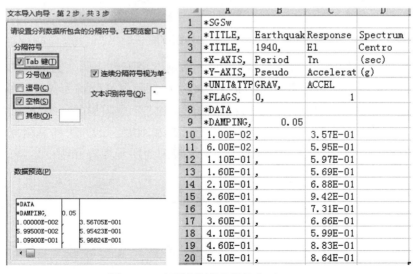

图 2-27　地震波的谱函数导出至 Excel

进行时程分析时《公路桥梁抗震设计规范》(JTG/T 2231-01—2020)规定设计加速度时程不应少于三组,而且要保证任意两组同方向时程相关系数ρ的绝对值小于 0.1,ρ的算法见《公路桥梁抗震设计规范》(JTG/T 2231-01—2020)式 5.3.3。时程分析的最终结果,当采用 3 组加速度时程时,取 3 组结果最大值;当采用 7 组加速度时程时,可取 7 组计算结果平均值。《建筑抗震设计规范(2016 年版)》(GB 50011—2010)中就选取的几组加速度时程来源也有明确规定,要求其中实际强震记录的数量不应少于总数的 2/3,在实际工作中,常选用 3 组波("2 + 1",即 2 条强震记录,1 条人工波)、7 组波("5 + 2")的规格。

3.3 阻尼的计算方法

阻尼是影响结构地震反应的重要因素,在进行非规则桥梁时程分析时,《公路桥梁抗震设计规范》(JTG/T 2231-01—2020)规定可采用瑞利阻尼假设建立阻尼矩阵。midas Civil 中进行时程分析时,阻尼计算方法是在定义时程荷载工况对话框中选择。采用时程分析直接积分法时,可以采用的阻尼有振型阻尼、比例阻尼(质量比例型、刚度比例型、瑞利阻尼)、应变能比例型阻尼、单元的质量和刚度比例型阻尼(单元瑞利阻尼)。

步骤:定义时程分析阻尼(图 2-28)。点击"**荷载 > 地震作用 > 时程分析数据 > 荷载工况**"。

图 2-28 阻尼计算方法

瑞利阻尼属于比例阻尼,是指阻尼与质量和刚度矩阵成比例,大部分的桥梁结构基本上是均质的,可以认为阻尼不会引起振型耦合。比例阻尼可分解为各振型的阻尼。反应谱分析和振型叠加法时程分析中是通过振型的阻尼比ξ_i考虑阻尼的影响的,而直接积分法时程分析中是构建结构的阻尼矩阵,其中单元质量和刚度因子方法计算阻尼时会通过单元阻尼矩阵直接反映在分析中。瑞利阻尼将阻尼表现为质量矩阵和刚度矩阵的线性组合,见式(2-1)。

$$[C] = \alpha_0[M] + \alpha_1[K] \tag{2-1}$$

式中:$[C]$——阻尼矩阵;
　　　$[M]$——质量矩阵;
　　　$[K]$——刚度矩阵。

瑞利阻尼中的比例因子α_0和α_1在程序中的输入方法有下面几种。

（1）直接输入

用户直接输入α_0和α_1值。

（2）由振型阻尼比计算

用户输入两个振型的圆频率或周期与振型对应的阻尼比（混凝土桥梁$\xi = 0.05$），程序将按照式(2-2)和式(2-3)自动计算α_0和α_1值，如图 2-29 所示。

$$\alpha_0 = \frac{2\omega_i \cdot \omega_j(\xi_i \cdot \omega_j - \xi_j \cdot \omega_i)}{\omega_j^2 - \omega_i^2} \tag{2-2}$$

$$\alpha_1 = \frac{2(\xi_j \cdot \omega_j - \xi_i \cdot \omega_i)}{\omega_j^2 - \omega_i^2} \tag{2-3}$$

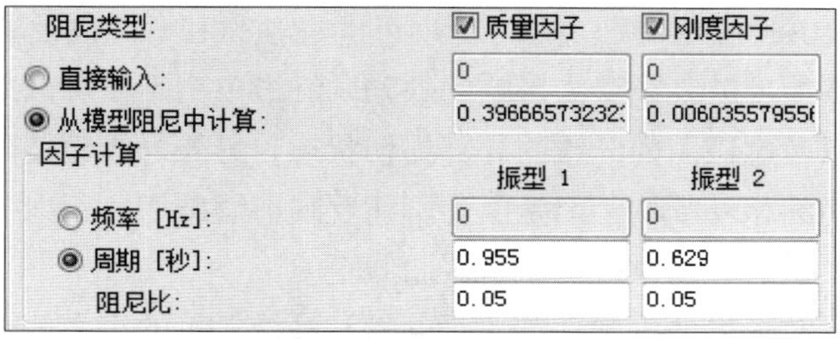

图 2-29　自动计算瑞利阻尼比例因子

两个振型的周期和对应的阻尼比分别为$T_i = 0.955$s，$T_j = 0.629$s，$\xi_i = 0.05$，$\xi_j = 0.05$，则α_0和α_1值的计算过程如下。

$$\omega_i = \frac{2\pi}{T_i} = 6.579\text{s}^{-1}, \quad \omega_j = \frac{2\pi}{T_j} = 9.989\text{s}^{-1}$$

$$\alpha_0 = \frac{2 \times 6.579 \times 9.989(0.05 \times 9.989 - 0.05 \times 6.579)}{9.989^2 - 6.579^2} = 0.397$$

$$\alpha_1 = \frac{2(0.05 \times 9.989 - 0.05 \times 6.579)}{9.989^2 - 6.579^2} = 0.006$$

计算出的比例因子α_0和α_1值与 midas Civil 软件计算结果一致。

振型 1 和振型 2 频率或者周期的取值，要考虑对结构总反应的贡献较大的振型。《公路桥梁抗震设计规范》（JTG/T 2231-01—2020）提出的第n阶和第m阶圆频率，梁式桥ω_n一般可取计算方向第一阶振型频率，ω_m取后几阶对结构振动贡献大的振型的频率。频率点ω_n和ω_m要覆盖结构分析中感兴趣的频段，而结构感兴趣的频率的确定要根据作用于结构上的外荷载的频率成分和结构的动力特性综合考虑。在频段$[\omega_n, \omega_m]$内，阻尼比略小于给定的阻尼比ξ。这样在该频段内由于计算的阻尼略小于实际阻尼，结构的反应将略大于实际的反应，这样的计算结果对工程而言是安全的。阻尼比和频率的关系如图 2-30 所示。目前设计人员采用较多的方法是高阶振型中选取参与质量较大的振型。

3.4　塑性铰的定义

《公路桥梁抗震设计规范》（JGT/T 2231-01—2020）第 6.2.6 条指出，非线性时程分析

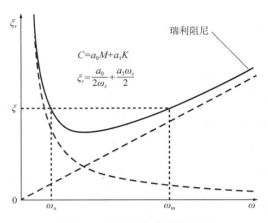

图 2-30　阻尼比和频率的关系

时，墩柱的非线性应采用弹塑性空间梁柱单元模型。这里提到的弹塑性空间梁柱单元模型指的是梁柱单元塑性铰的弹塑性，可以采用 Bresler 建议的屈服面表示（骨架铰模型），也可以采用非线性梁柱纤维单元模型（纤维铰模型）。

弹塑性铰的类型可分为单轴铰模型、基于塑性理论的多轴铰模型、纤维模型。单轴铰模型不考虑各内力之间的相互影响，一般用于希望快速获得大致结果的简化计算中。多轴铰模型可考虑轴力和弯矩以及两个弯矩间的相互影响，但是同样具有不能反映复杂受力影响的缺陷。纤维模型不仅可以准确模拟受弯构件的力学特性，而且可以考虑截面内纤维的局部损伤状态。另外纤维模型同样可以考虑轴力和弯矩、两个弯矩之间的相互影响，但是因为不能反映剪切破坏，所以一般用于剪切变形不大的线单元。纤维模型的计算也是基于平截面假定的。

midas Civil 中同时提供两种塑性铰（骨架铰和纤维铰）的定义方式，下面分别介绍两种铰模型定义过程。

1）纤维铰

本节内容介绍纤维铰的定义方法。纤维模型在分布铰模型的各积分点上将截面分割为图 2-31 所示的纤维束或层，并假设在相同的纤维束或层内应力相同。各纤维可以选择不同的材料，同一个截面内最多可以定义六种不同的材料（同一截面中可以定义约束混凝土和非约束混凝土），且程序支持任意形状截面。截面内力通过对各纤维的应力进行积分获得，单元的刚度通过对积分点进行积分获得。纤维模型的基本假定如下：

（1）平截面假定，即变形过程中截面保持平面状态并与构件纵轴垂直，所以不能考虑钢筋与混凝土之间的黏结滑移。

（2）单元各位置截面形心的连线为直线。

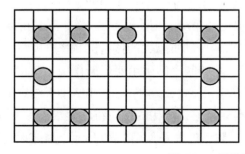 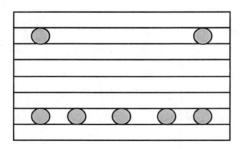

图 2-31　纤维模型的分割方法

步骤 1：输入桥梁截面普通钢筋（图 2-32）。点击"设计 > RC 设计"，选择"JTG/B02-01—2008"。点击"混凝土构件设计钢筋 > 柱"。

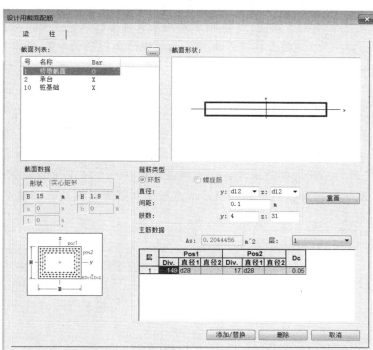

图 2-32 定义桥墩普通钢筋

> 注：此处选择规范的目的只是为了定义桥墩中普通钢筋，所以规范可以选择《公路桥梁抗震设计细则》（JTG/T B02-01—2008）。箍筋类型中要定义两个水平方向Y、Z箍筋的直径、间距以及肢数（Y、Z坐标轴为单元坐标系，可以在midas Civil模型中查看单元坐标系的方向）；主筋数据中Div.N输入主筋根数，直径中输入主筋直径，如果采用了两种直径的主筋可以分别在直径1和直径2中进行输入，默认是两种直径各50%，不支持比例修改。

步骤2：定义非弹性材料本构模型（图2-33）。点击"**特性 > 弹塑性材料 > 非弹性材料特性值**"。点击"**添加 > 混凝土 > Mander模型 > 无约束混凝土/约束混凝土**"。点击"**添加 > 钢材 > 双折线模型**"。

> 注：对钢材和混凝土两种材料，midas Civil提供多种非弹性本构模型。定义非弹性材料特性，首先在材料类型对话框中选择混凝土或者钢材，其次在滞回模型对话框中选择本构模型，对于混凝土材料的滞回模型目前采用Mander模型，《公路桥梁抗震设计规范》（JTG/T 2231-01—2020）在计算混凝土极限压应变的时候采用的计算公式是Mander给出的。Mander模型将混凝土类型分为无约束混凝土（即保护层混凝土）和约束混凝土（即核心区混凝土）两种不同类型，需要分别定义。Mander模型通过"导入钢筋材料和截面数据"，可以直接读入导入材料的无约束混凝土数据以及截面配筋自动计算约束混凝土的约束有效系数、混凝土有效侧向应力和约束混凝土强度和应变等，但是目前只能针对圆形截面和矩形截面的约束本构。Mander模型定义需要注意以下两点：

(1) Mander 模型计算时采用的是圆柱体抗压强度,而我国混凝土抗压强度采用的是立方体抗压强度,所以对于无约束混凝土抗压强度要进行换算并手动输入其值,对于 C30、C40 混凝土强度等级换算系数经计算近似为 0.9,所以这里输入 0.9 倍立方体抗压强度即可。

(2) 约束混凝土 Mander 模型中对于约束混凝土极限应变 ε_{cu} 需要按《公路桥梁抗震设计规范》(JTG/T 2231-01—2020)式(7.4.8-1)计算后手动输入,其中 ρ_s 体积含筋率在读入截面钢筋数据后可以自动计算,其余参数按规范取值即可。钢材滞回模型可采用比较简单的双折线模型,只需要输入屈服强度、弹性模量和屈服前后弹性模量之比(因为不考虑钢材强化,弹性模量比输入一个极小值如 0.001 即可)。屈服前加载和卸载时使用弹性刚度,屈服后加载时使用屈服后刚度,屈服后卸载、再加载时使用弹性刚度。

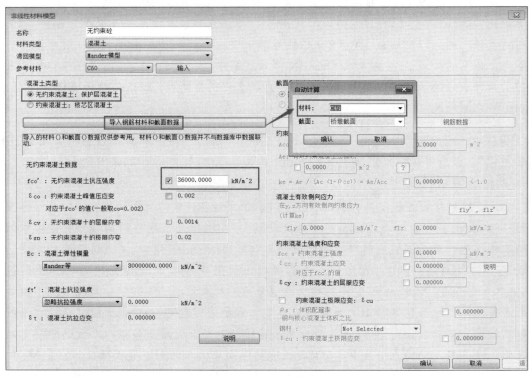

图 2-33

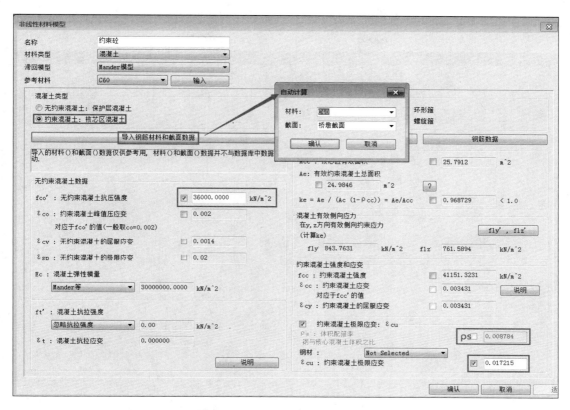

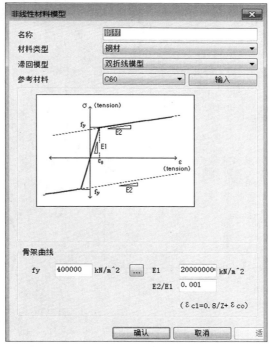

图 2-33　定义非弹性材料

步骤 3：定义纤维铰（图 2-34）。点击"**特性 > 弹塑性材料 > 纤维截面分割**"。

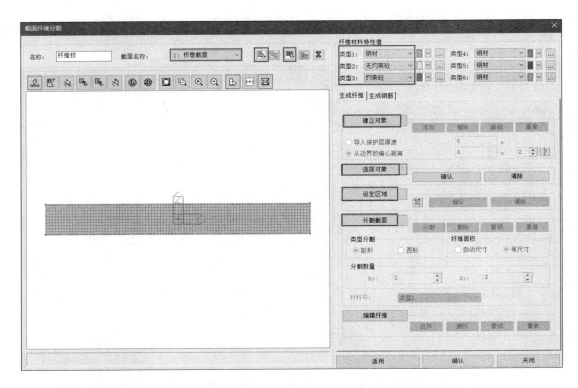

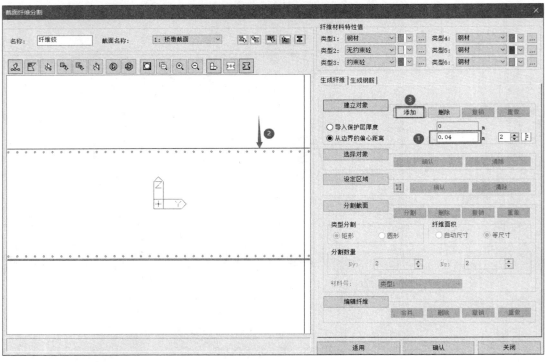

图 2-34

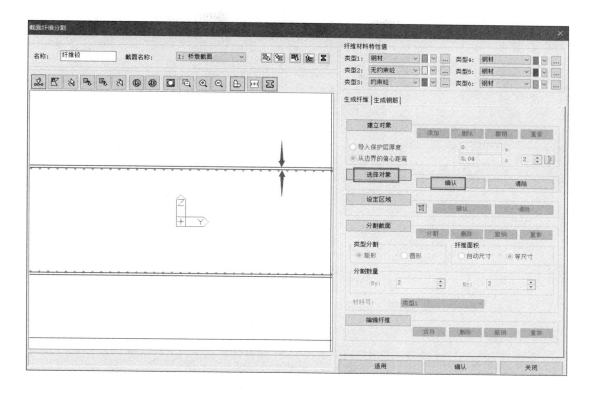

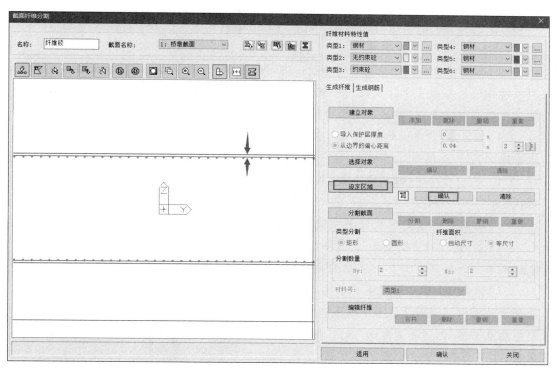

图 2-34

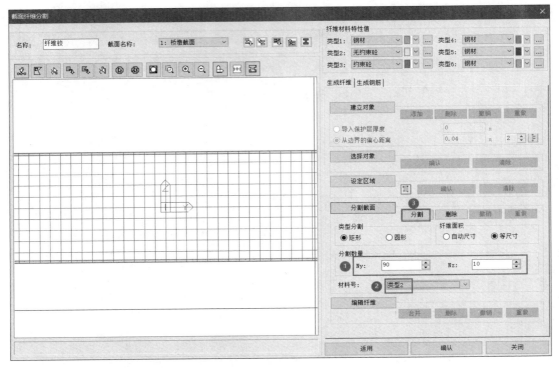

图 2-34 纤维截面分割

> 注：纤维截面分割过程如下。
> （1）第一步：截面名称中选择要进行纤维分割的截面，点击旁边按钮 选择"导入截面"以及 "导入钢筋"。
> （2）第二步：定义纤维材料特性值，默认全部类型都为钢筋，桥墩截面共涉及三种材料特性值的类型 1 选择默认的"钢筋"，类型 2 通过下拉菜单选择 Mander 本构定义的"无约束混凝土"，类型 3 选择"约束混凝土"。
> （3）第三步："建立对象"，在"从边界的偏心距离"输入混凝土保护层厚度 0.05m，点击添加。
> （4）第四步："选择对象"，鼠标在窗口中选择混凝土保护层的内外轮廓线，点击确认。
> （5）第五步："设定区域"，再次选中上步骤中定义好的两条对象轮廓线，点击确定。
> （6）第六步："分割截面"，根据截面尺寸输入两个方向的分割数量 N_y、N_z，材料号下拉菜单中选择"类型 2"，点击分割。
> （7）第七步：第三步至第五步实现了保护层混凝土纤维单元的分割，接下来要分割的部分为核心区混凝土，重复第四步至第五步，"选择对象""分割区域"时仅选择内边框后点击确认，"分割截面"时材料号选择"类型 3"。最终程序以不同颜色显示不同材料。

步骤 4：定义非弹性铰（图 2-35）。点击**"特性 > 非弹性铰 > 非弹性铰特性值"**。

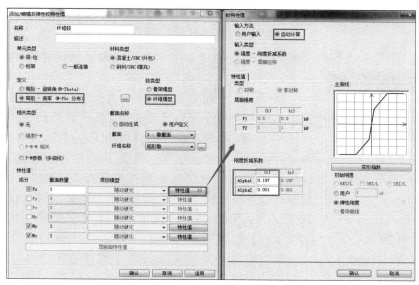

图 2-35 非弹性铰定义

> 注:纤维模型类型只能定义为分布铰,且无须选择滞回模型。集中铰和分布铰是根据铰的位置区分的,且集中铰 midas Civil 输出的非弹性铰状态的变形中 R_y、R_z 值为转角,而分布铰则为曲率结果。选择集中铰时,铰位置被激活,集中铰一般在单元的两端和中心产生铰,弯矩铰和剪切铰位于单元两端,轴力铰位于单元中央,而结构的其他位置假定为弹性。分布铰是假定整个构件均为非弹性,然后对各位置是否进入弹塑性进行判断,对进入弹塑性的铰更新铰的刚度,然后通过数值积分获得单元的刚度。选择分布铰时,截面数量被激活,输入的是积分点的数量,最多可输入 20 个,分析结果的准确性与积分点的数量没有必然的联系,但是数量的增多会增加分析时间,经过比较,当积分点的数量大于等于 5 个时,分析结果差异不大。midas Civil 根据输入的个数计算各个截面的力-位移或者变形的关系。铰的滞回模型由屈服强度和屈服后刚度折减率定义,这些在特性值中定义。铰的特性值屈服强度程序可以在输入方法中选择"自动计算",自动考虑截面的配筋情况及材料的本构关系计算求得。刚度折减系数 α_1 和 α_2 可以通过 M-ϕ 曲线进行估算,可以取其中初始屈服、屈服、极限三个性能点。其中要注意的是 α_1 和 α_2 的含义,α_1、α_2 非斜率,而是第二阶段刚度和初始刚度的比值、第三阶段刚度和初始刚度的比值,初始刚度为 M_1/ϕ_1,第二阶段刚度为 $(M_2 - M_1)/(\phi_2 - \phi_1)$,当计算出来的 α_2 为负数时,可以取一个非常小的值如 0.001 代替,如果不能收敛的话也可以改到 0.01。刚度折减系数计算如图 2-36 所示。

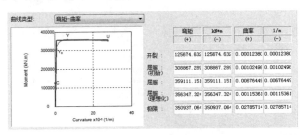
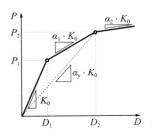

图 2-36 刚度折减系数计算

K_0-弹性刚度；α_1、α_2-刚度折减系数

步骤 5：分配非弹性铰（图 2-37）。点击"**特性 > 非弹性铰 > 分配非弹性铰特性值**"。

图 2-37 分配非弹性铰

2）骨架铰

滞回曲线上同向（拉或压）各次加载的荷载极值点依次相连得到的包络曲线称为骨架曲线，基于骨架曲线并考虑往复荷载作用下的卸载和加载时的荷载-位移关系称为滞回模型。动力弹塑性分析中一般使用滞回模型模拟构件的恢复力特性。骨架铰模型通过定义非弹性铰特性值选择不同的滞回模型模拟桥墩塑性铰。滞回模型对非线性分析结果影响较大，因此在采用骨架铰模型进行时程分析的时候，要正确选择反映材料和构件的恢复力特性的滞回模型。

梁柱单元一般定义除扭转外的其他五个内力成分的非线性特性。根据各内力成分间的相互关系，滞回模型可分为单轴铰模型和多轴铰模型。非弹性铰特性值定义时，"相关类型"中选择"无"进行单轴铰定义。单轴铰是三个平动方向和三个转动方向的内力成分相互独立的。多轴铰模型不仅可以像单轴铰模型那样分别定义各方向的非线性特性，还可以考虑轴力和弯矩以及两个弯矩之间的相关性。定义非弹性铰特性值时，"相关类型"选择"**强度 P-M**"（*P-M*铰）或"**P-M-M 相关**"（*P-M-M*铰）进行多轴铰定义。骨架铰相关类型如图 2-38 所示。

图 2-38 骨架铰相关类型

> 注：P-M铰和P-M-M铰两者的主要区别是P-M铰考虑轴力对铰的弯曲屈服强度的影响，但是对于两个方向弯矩间的相互作用是不考虑的。P-M-M铰能够考虑轴力和两个方向上弯矩的相互作用。P-M-M铰一般只要定义F_x方向的铰特性值，M_y、M_z方向的铰和F_x方向的是相关联的，所以不用定义。但是这类滞回模型只能用于随动硬化模型，如图2-39所示，随动硬化滞回模型初次加载时的效应点是在3条骨架曲线上移动的，卸载刚度与弹性刚度相同，随着荷载的增加，强度有增加的趋势，适用于金属材料，对于混凝土材料会过高地评价其耗能能力。P-M铰通过初始轴力及截面形状和配筋情况确定屈服面，进而确定骨架铰的三折线特性值。由于只能考虑初始轴力P，当轴力的变化不大时，采用P-M铰较为合适。

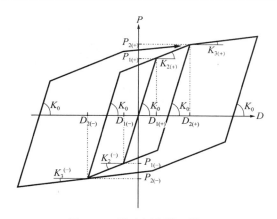

图 2-39 随动硬化滞回模型

$P_{1(+)}$、$P_{1(-)}$-正向和负向的第一屈服强度；$P_{2(+)}$、$P_{2(-)}$-正向和负向的第二屈服强度；$D_{1(+)}$、$D_{1(-)}$-正向和负向的第一屈服变形；$D_{2(+)}$、$D_{2(-)}$-正向和负向的第二屈服变形；K_0-初始刚度；$K_{2(+)}$、$K_{2(-)}$-正向和负向的第二条折线的刚度，$K_{2(+)} = \alpha_{1(+)} \cdot K_0$，$K_{2(-)} = \alpha_{1(-)} \cdot K_0$；$K_{3(+)}$、$K_{3(-)}$-正向和负向的第三条折线的刚度，$K_{3(+)} = \alpha_{2(+)} \cdot K_0$，$K_{3(-)} = \alpha_{2(-)} \cdot K_0$；$\alpha_{1(+)}$、$\alpha_{1(-)}$-正向和负向的第一屈服后刚度折减系数；$\alpha_{2(+)}$、$\alpha_{2(-)}$-正向和负向的第二屈服后刚度折减系数

midas Civil 中提供多种滞回模型供使用者进行选择，不同的滞回模型有不同的适用条件以及用途，表2-3 所列即为适用于梁柱钢筋混凝土构件的一些滞回模型。对于钢筋混凝土材料，考虑刚度退化效应的双直线模型是一种比较常见的模型，其中的武田模型和克拉夫模型是两个比较典型的双直线弹塑性模型。钢筋混凝土受弯构件的破坏过程三个特殊点来描述，例如将原点、开裂点、屈服点、破坏点之间的力和变形关系用直线连起来，就得到三直线模型的骨架曲线。武田模型中有对应的三直线模型。

midas Civil 提供的部分滞回模型　　表 2-3

分类	滞回模型	内力相关关系	主要用途
退化模型	克拉夫双折线模型 (Clough/Bilinear)	P-M	钢筋混凝土构件
	刚度退化三折线模型 (Degrading Tri-linear)	P-M	
	武田三折线模型 (Original Takeda Triliear)	P-M	
	武田四折线模型 (Original Takeda Tetralinear)	P-M	
	修正武田三折线模型 (Modified Takeda Trilinear)	P-M	
	修正武田四折线模型 (Modified Takeda Tetralinear)	P-M	

对于模型采用纤维铰时，分析时间会较长，为了提高效率，本模型采用修正武田三折线来定义骨架铰模型。修正武田三折线滞回模型如图 2-40 所示，其恢复力曲线为 $D < D_1$ 时，为弹性状态，沿着经过原点斜率为 K_0 的直线移动。当变形 D 初次超过 D_1 时，沿着第二条折线的斜率 K_2 移动，在第二条折线移动时卸载，将沿着指向反向最大变形点移动，反向没有发生屈服时，反向第一屈服点为最大变形点，在到达反向变形最大点之前重新加载时，将沿着相同的卸载直线移动，当到达骨架曲线位置时，重新沿着斜率为 K_2 的骨架曲线移动。当变形超过 D_2 时，沿着第三条折线的斜率 K_3 移动。

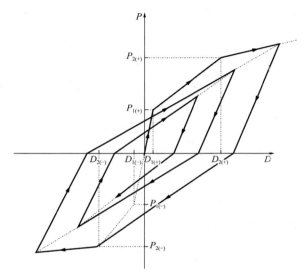

图 2-40　修正武田三折线滞回模型

步骤 1：定义非弹性铰（图 2-41）。点击"**特性 > 非弹性铰 > 非弹性铰特性值**"。

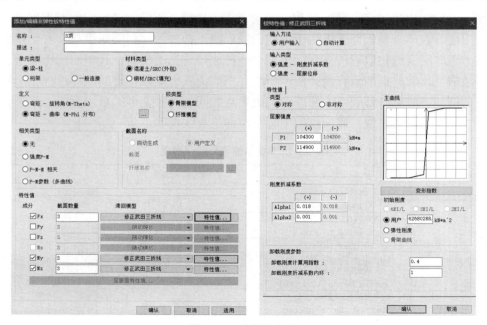

图 2-41　骨架铰定义

> 注：采用强度P-M铰确定三折线时，$α_1$和$α_2$估算困难。考虑到桥梁规范中关于$M-\phi$曲线的计算，可用其特征点近似模拟桥墩由弹性到塑性的变化过程。具体方法如下：
>
> "相关类型"选择"无"，手动定义骨架曲线特性值，三折线的定义采用初始屈服刚度、屈服强度及刚度折减系数的方法。"铰特性值"输入方法选择"用户输入"，输入类型为"强度-刚度折减系数"。屈服强度P_1和P_2选择$M-\phi$曲线中恒载轴力下的初始屈服弯矩以及屈服弯矩（弯矩曲率曲线功能说明请详见上一章节说明）。刚度折减系数：$K_2 = α_1 K_0$、$K_3 = α_2 K_0$（$α_1$、$α_2$计算请见纤维铰中介绍）。初始刚度选择"用户"，可通过初始屈服强度除以初始屈服曲率计算得到。

当"相关类型"选择**"强度 P-M"**，时程荷载工况中（图 2-15）考虑初始荷载引起的轴力的方法可使用时变静力荷载功能并定义为时程荷载工况后进行接续分析即可。"铰特性值"中输入方法选择"自动计算"时，三折线的屈服强度（P_1，P_2）由屈服面计算得到，"刚度折减系数"$α_1$和$α_2$要手动定义。"屈服面特性值"如图 2-42 所示。

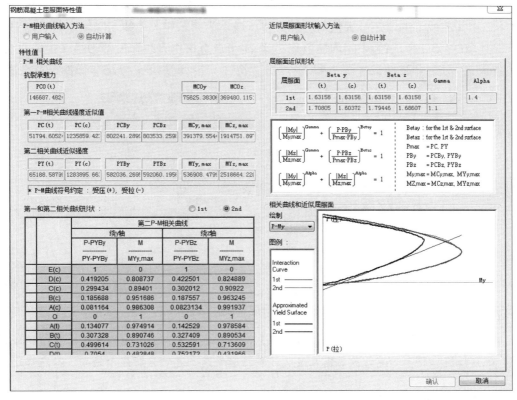

图 2-42 屈服面特性值

三折线骨架曲线的屈服面有两个，里面的屈服面称为第一屈服面，外面的屈服面称为第二屈服面。钢筋混凝土截面的第一屈服面对应开裂时的强度，第二屈服面对应截面屈服时的强度。"屈服面特性值"中，抗裂承载力$PC_0(t)$、MC_{0y}、MC_{0z}分别是右下角相关曲线和近似屈服面中的斜线（称为开裂面）与竖轴P和横轴M的交点，第一$P-M$相关曲线是由第二相关曲线和开裂曲线拟合出来的，第二相关曲线近似强度中 PY（t）、PY（t）为第二相关曲线与竖轴P的交点，PYB_y与$MY_{y,max}$为第二相关曲线上的点，$MY_{y,max}$是第二相关曲线上的M_y最大值点，PYB_y为第二相关曲线上$MY_{y,max}$值对应的P轴坐标值（PYB_z、$MY_{z,max}$含义与其相同只是为另一方向的第二相关曲线上的点）。

第二相关曲线的关系公式如下：

$$\left(\frac{|M_y|}{M_{ymax}}\right)^{\text{Gamma}} + \left(\frac{P - PB_y}{P_{max} - PB_y}\right)^{\text{Betay}} = 1 \tag{2-4}$$

式中：M_y——绕单元坐标系y轴的弯矩；

M_{ymax}——绕单元坐标系y轴的最大屈服弯矩；

P——轴力；

P_{max}——轴向屈服强度；

PB_y——对应M_{ymax}的轴力。

"第一和第二相关曲线形状"选择"**2nd**"，midas Civil 中采用 11 个点来拟合出第二相关曲线，下方表格显示的即为这 11 个点，$E(c)$为第二相关曲线与竖轴P（压）一侧的交点，O为第二相关曲线上的弯矩最大值对应的点，$E(t)$为第二相关曲线与竖轴P（拉）一侧的交点，其余D、C、B、A为中间内插值点，这 11 个点直接用直线相连即为第二相关曲线。

步骤 2：分配非弹性铰（图 2-43）。点击"**特性 > 非弹性铰 > 分配非弹性铰特性值**"。

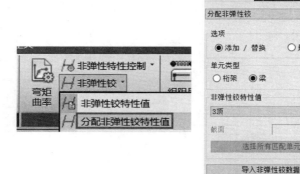

图 2-43　分配非弹性铰

> 注：定义好的骨架铰分配之后，midas Civil 将自动计算的屈服面特性值，根据截面形状和配筋情况所得。如需修改，需在定义铰特性时修改。这里只能显示结果，不能修改。

4　时程分析后处理

4.1　桥墩屈服判断

E2 地震作用下墩柱是否已进入塑性工作范围决定了抗震分析方法的选择和能力保护构件验算时内力设计值的选取。根据《公路桥梁抗震设计规范》（JTG/T 2231-01—2020）第 6.1.5 条规定，在 E2 地震作用下，连续刚构桥（主跨超过 90m）墩柱已进入塑性工作范围，应采用非线性时程分析方法进行抗震分析。所以对于本实例介绍的连续刚构，我们可以通过反应谱分析先确定桥墩是否进入屈服状态，再决定其后续采用的分析方法。实际上只通过弯矩进行桥墩的屈服判断是不够准确的，桥墩在考虑了塑性铰之后的弯矩与线性状态相比是存在一定差异的。根据《公路桥梁抗震设计规范》（JTG/T 2231-01—2020），柱单元塑性铰的弹塑性可以采用 Bresler 建议的屈服面进行，在第 4.3 节中进行介绍。本节主要介绍通过反应谱分析方法初步判断桥墩是否进入屈服状态。

步骤 1：midas Civil 运行分析进入后处理状态，导出分析结果至 CDN（图 2-44）。点击**"设计 > Civil Designer > CDN > 创建新项目"**。

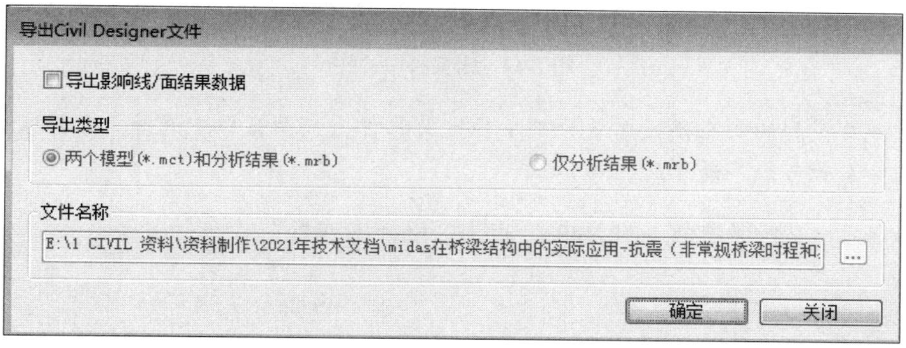

图 2-44　分析结果导入 CDN

步骤 2：CDN 中选择设计规范（图 2-45）。点击**"设计 > 设计规范"**。
步骤 3：设置验算内容（图 2-46）。点击**"设计 > 设置"**。

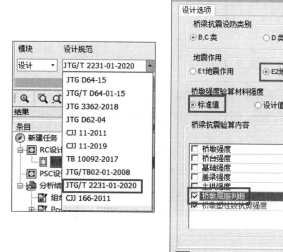

图 2-45　选择设计规范 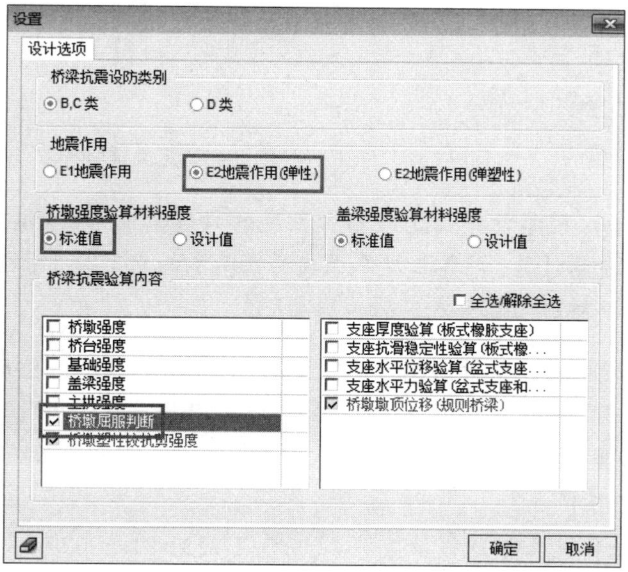　　　图 2-46　设置验算内容

> 注：E1 与 E2 弹性阶段验算的方法是一样的，但材料的强度取值不同。E1 作用采用材料的设计强度，E2 采用材料的标准强度，故这里需要勾选标准值。

步骤 4：定义桥墩构件（图 2-47）。点击**"设计 > 手动"**。

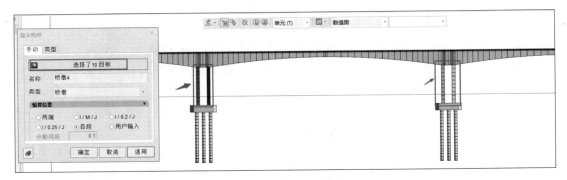

图 2-47 定义桥墩构件

注：本模型的四个桥墩需要分别单独定义构件，模型窗口中选择单个桥墩全部单元，构件名称可以手动修改。

步骤5：定义桥墩参数（图2-48）。点击"**设计 > 参数**"。

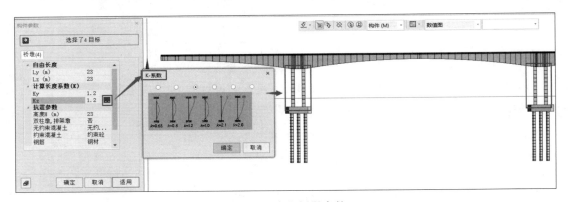

图 2-48 定义桥墩参数

注：桥墩计算长度 = 自由长度 × 计算长度系数。其中，自由长度CDN是根据单元长度自动计算，计算长度系数与桥墩两端约束有关系，也可以直接手动输入数值或者直接选取对应约束形式，从而确定K值。

步骤6：生成荷载组合（图2-49）。点击"**设计 > 生成**"。

步骤7：运行设计（图2-50）。点击"**设计 > 运行**"。

步骤8：查看设计结果（图2-51）。点击"**树形菜单结果 > RC设计结果 > 桥墩屈服判断（双击）**"。

《公路桥梁抗震设计规范》（JTG/T 2231-01—2020）第6.7.1条条文说明中指出，在判断桥墩是否屈服时，屈服弯矩可以采用图2-52中的等效屈服弯矩。截面的等效屈服弯矩是通过实际的轴力-弯矩-曲率曲线等效为理想弹塑性轴力-弯矩-曲率求得的，等效方法是根据图中两个阴影面积相等求得，计算中考虑的轴力是最不利轴力组合。CDN程序中进行屈服验算的时候会自动调用M_y。特别注意此处计算桥墩的设计内力时应考虑偏心增大系数的影响，可简化计算将计算弯矩乘以偏心增大系数作为验算的设计内力。

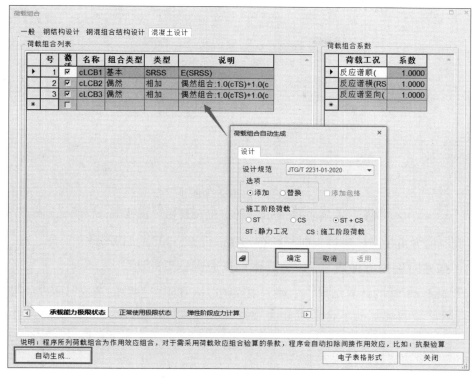

图 2-49　自动生成荷载组合

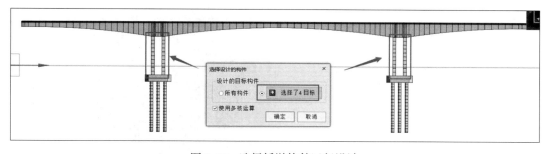

图 2-50　选择桥墩构件运行设计

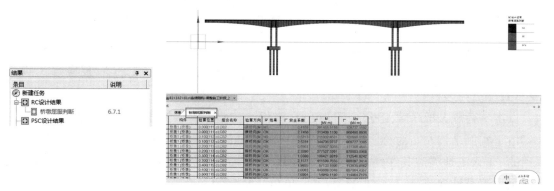

图 2-51　查看桥墩强度验算结果

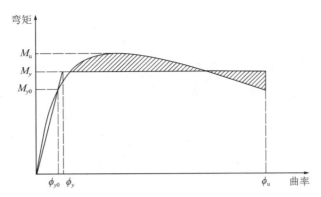

图 2-52 弯矩-曲率曲线

M_{y0}-截面初始屈服弯矩；ϕ_{y0}-截面初始屈服曲率；M_u-截面极限弯矩；ϕ_u-截面极限破坏状态的曲率

E2 反应谱分析桥墩已经进入屈服状态，需进行 E2 地震的时程分析。

4.2 弹性时程内力提取与 E1 地震作用反应谱结果对比

由于时程分析法的计算结果，依赖于地震动输入和阻尼参数的选取，所以如果地震动函数或者阻尼参数选择的不合适可能会导致计算结果偏小。《公路桥梁抗震设计规范》（JTG/T 2231-01—2020）第 6.4.3 条亦明确规定，在 E1 地震作用下，线性时程法的计算结果不应小于反应谱法计算结果的 80%。

步骤 1：自定义反应谱工况荷载组合（图 2-53）。点击"**结果 > 荷载组合**"。

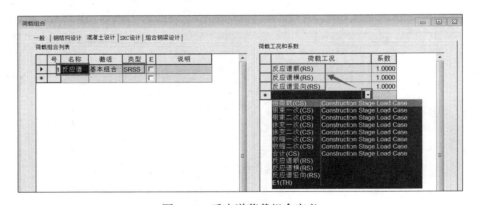

图 2-53 反应谱荷载组合定义

步骤 2：提取 E1 地震作用以及线性时程分析下桥墩内力（图 2-54、图 2-55 和表 2-4）。点击"**结果 > 内力 > 梁单元内力图**"。点击"**荷载工况/荷载组合 > CBC：反应谱 > My**"（显示类型：勾选数值）。

点击"**荷载工况/荷载组合 > THmax：时程 > My**"（显示类型：勾选数值）。

由于实例结构左右对称，故只对比了一侧桥墩的内力结果。从结果上可以看出，桥墩采用的 E1 人工地震波其线性时程的计算结果与反应谱法计算结果相差小于 10%，满足《公路桥梁抗震设计规范》（JTG/T 2231-01—2020）第 6.4.3 条的要求，即在 E1 地震作用下，线性时程法的计算结果不应小于反应谱法计算结果的 80%。

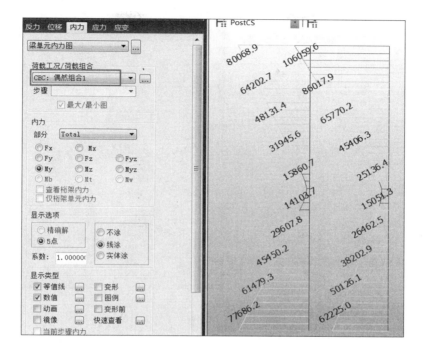

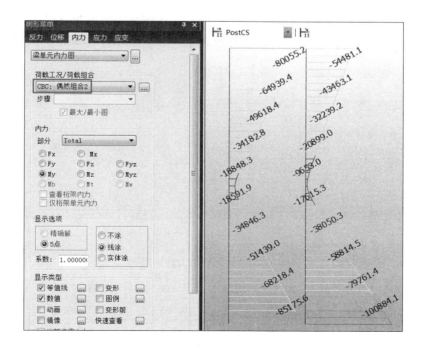

图 2-54　E1 反应谱以及恒载作用下桥墩内力结果

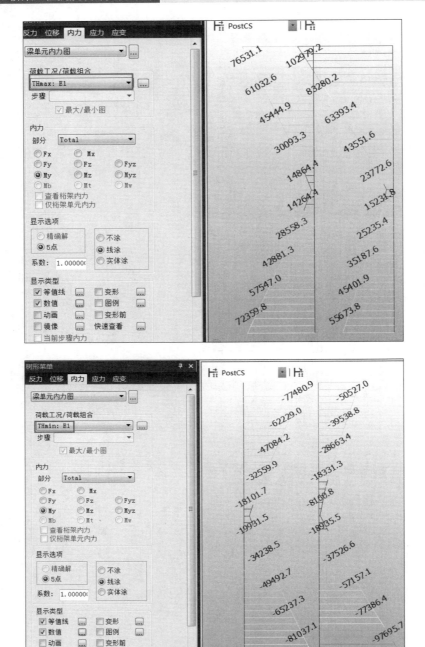

图 2-55　E1 线性时程作用下桥墩内力结果

反应谱和线性时程内力结果对比　　　　　　　　　　　　　表 2-4

桥墩序号	位置	内力绝对值	反应谱	线性时程	误差
左侧桥墩 1	墩顶	弯矩（kN·m）	80068.9	77480.9	3.2%
	墩底	弯矩（kN·m）	85175.6	81037.1	4.9%
左侧桥墩 2	墩顶	弯矩（kN·m）	106059.6	102979.2	2.9%
	墩底	弯矩（kN·m）	100884.1	97695.7	3.2%

4.3 桥墩塑性铰区抗剪强度验算

进行桥墩塑性铰区抗剪验算之前，首先要确定桥墩是否进入屈服状态。时程分析时，midas Civil 中模型定义骨架铰并赋予桥墩之后，通过查看塑性铰区单元的曲率是否大于等效屈服曲率，可以确定桥墩是否屈服。塑性铰单元的最大曲率可以通过表格形式查看。

步骤：查看最大曲率（图 2-56）。点击**“结果 > 结果表格 > 非弹性铰 > 梁单元统计”**。

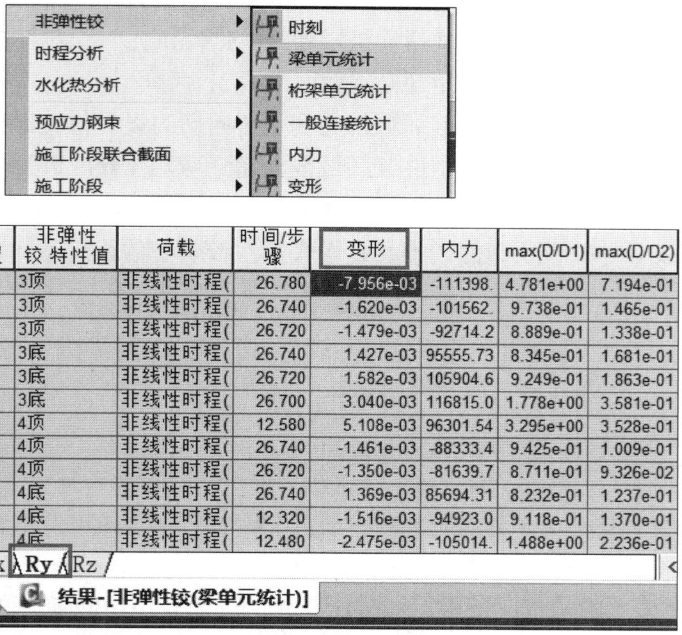

类型	单元	铰位置	非弹性铰特性值	荷载	时间/步骤	变形	内力	max(D/D1)	max(D/D2)
分布	131	1-Pos	3顶	非线性时程(	26.780	-7.956e-03	-111398.	4.781e+00	7.194e-01
分布	131	2-Pos	3顶	非线性时程(	26.740	-1.620e-03	-101562.	9.738e-01	1.465e-01
分布	131	3-Pos	3顶	非线性时程(	26.720	-1.479e-03	-92714.2	8.889e-01	1.338e-01
分布	140	1-Pos	3底	非线性时程(	26.740	1.427e-03	95555.73	8.345e-01	1.681e-01
分布	140	2-Pos	3底	非线性时程(	26.720	1.582e-03	105904.6	9.249e-01	1.863e-01
分布	140	3-Pos	3底	非线性时程(	26.700	3.040e-03	116815.0	1.778e+00	3.581e-01
分布	141	1-Pos	4顶	非线性时程(	12.580	5.108e-03	96301.54	3.295e+00	3.528e-01
分布	141	2-Pos	4顶	非线性时程(	26.740	-1.461e-03	-88333.4	9.425e-01	1.009e-01
分布	141	3-Pos	4顶	非线性时程(	26.720	-1.350e-03	-81639.7	8.711e-01	9.326e-02
分布	150	1-Pos	4底	非线性时程(	26.740	1.369e-03	85694.31	8.232e-01	1.237e-01
分布	150	2-Pos	4底	非线性时程(	12.320	-1.516e-03	-94923.0	9.118e-01	1.370e-01
分布	150	3-Pos	4底	非线性时程(	12.480	-2.475e-03	-105014.	1.488e+00	2.236e-01

图 2-56 非弹性铰状态表格结果

对比塑性铰区域单元最大曲率与M-ϕ曲线等效屈服曲率ϕ_y（表 2-5）可知，本桥桥墩顺桥向墩顶和墩底位置均已进入屈服状态，根据《公路桥梁抗震设计规范》（JTG/T 2231-01—2020）第 6.7.3 条，墩柱抗剪作为能力保护构件进行设计，剪力设计值应按能力保护原则计算（参考本书【实例一】）。对于本模型，墩底和墩顶均形成塑性铰。按《公路桥梁抗震设计规范》（JTG/T 2231-01—2020）第 7.3.4 条对塑性铰区域进行抗剪强度验算。对于非塑性铰区域的抗剪强度公式，在《公路桥梁抗震性能评价细则》（JTG/T 2231-02—2021）中进行了介绍，本节没有对这部分内容展开验算。

最大曲率与等效屈服曲率对比 表 2-5

桥墩序号	ϕ_y顶	骨架铰墩顶	ϕ_y底	骨架铰墩底
右侧桥墩 3	0.001852	0.007956	0.001913	0.00304
右侧桥墩 4	0.001787	0.005108	0.001852	0.002475

《公路桥梁抗震设计规范》（JTG/T 2231-01—2020）第 6.7.4 条给出了连续刚构桥墩按能力保护构件设计时，塑性铰区域截面顺桥向和横桥向剪力设计值算法。其中M_u取值方法可以参考本书【实例一】反应谱分析部分，本节不再赘述。也可以直接将模型添加 E2 地震作用下反应谱函数，运行分析后，导入 CDN 进行 E2（弹塑性）——桥墩塑性铰抗剪强度验算（表 2-6），CDN 对于纵向计算及单柱墩横桥向会自动计算超强弯矩，横桥向多柱墩需

要用户将 Pushover 计算所得最大、最小轴力输入后，程序据此计算超强弯矩。

$$M_n = \phi^0 M_u \tag{2-5}$$

$$V_{c0} = \frac{M_n^t + M_n^b}{H_n} \tag{2-6}$$

式中：M_n——顺桥向和横桥向超强弯矩（kN·m）；

M_u——按截面实配钢筋，采用材料强度标准值，在最不利轴力作用下计算出来的截面顺桥向和横桥向极限弯矩（kN·m）；

ϕ^0——桥墩极限弯矩超强系数，取 1.2；

V_{c0}——塑性铰区域截面顺桥向和横桥向剪力设计值（kN）；

M_n^t——单柱墩墩顶塑性铰区域截面超强弯矩（kN·m）；

M_n^b——单柱墩墩底塑性铰区域截面超强弯矩（kN·m）；

H_n——取墩顶塑性铰中心到墩底塑性铰中心的距离（m）。

桥墩塑性铰区域抗剪强度验算　　表 2-6

桥墩序号	位置	M_u（kN·m）	H_n（m）	剪力设计值（kN）	抗剪承载力绝对值（kN）	结论
右侧桥墩 3	墩顶	126900	21.8	14653.2	49505.1	满足规范要求
	墩底	139300				满足规范要求
右侧桥墩 4	墩顶	117500	21.8	13623.9	49505.1	满足规范要求
	墩底	130000				满足规范要求

模型采用的是双薄壁墩，墩柱所受到的轴力是由恒载轴力和地震引起的动轴力之和，故表 2-6 计算超强弯矩采用的最不利轴力是恒载与地震力组合下的最大轴力，结论为该桥墩顺桥向斜截面抗剪强度满足规范要求。

4.4　桥墩塑性转动能力验算

根据《公路桥梁抗震设计规范》（JTG/T 2231-01—2020）规定，对于采用非线性时程分析方法的桥梁来说，其墩柱的变形验算要验算塑性转角，但对于有限元分析方法，大多程序给出的塑性转角为单元本身的塑性转角，而不是规范要求的累计转角。回归验算的本质，规范给出的验算标准是将极限曲率与屈服曲率之间差值的一半作为验算标准。无论是控制桥墩转角还是曲率，其实质都是对于桥墩延性的验算。出于方便计算的角度来考虑，本文采用直接验算桥墩塑性铰的曲率来验算塑性铰区域塑性转动能力，避免了曲率转化为转角这一复杂过程。计算截面等效屈服曲率以及极限破坏状态的曲率时，采用的轴力是恒载轴力，因为本文模型地震力加恒载产生的轴力与恒载轴力相差 20%左右，而两者计算出来的曲率相差在 10%左右，并不影响验算结果，如果地震力与恒载的组合轴力与恒载轴力差异较大时，建议验算时取最不利轴力下的曲率。

$$\theta_P \leqslant \theta_u \tag{2-7}$$

$$\theta_u = \frac{L_P(\phi_u - \phi_y)}{K} \tag{2-8}$$

$$\phi_P = D_{max} - \phi_y \leqslant \frac{\phi_u - \phi_y}{K} \tag{2-9}$$

式中：θ_u——E2 地震用下潜在塑形铰区域的塑形转角（rad）；

θ_P——塑性铰区域的最大容许转角（rad）；

D_{max}——地震作用下单元最大曲率（1/m）；

ϕ_u——极限破坏状态的曲率（1/m），可通过弯矩-曲率曲线计算得出；

ϕ_y——截面等效屈服曲率（1/m），可通过弯矩-曲率曲线计算得出；

L_P——墩柱等效塑性铰长度（m）；

K——延性安全系数，取 2；

ϕ_P——桥墩塑性铰曲率（1/m）。

步骤 1：查看屈服曲率结果（图 2-57）。点击**“结果 > 结果表格 > 非弹性铰 > 梁单元统计”**。

类型	单元	铰位置	非弹性铰特性值	荷载	时间/步骤	变形	内力	max(D/D1)	max(D/D2)	状态	性能	P1	P2	P3	D1	D2
分布	111	1-Pos	4顶	非线性时程(	12.380	5.950e-03	96912.40	3.839e+00	4.110e-01	第一屈服	0~1 标高	93720.00	103100.0	-	1.550e-03	1.448e-02
分布	112	1-Pos	4顶	非线性时程(	12.200	1.350e-03	81619.29	8.709e-01	9.324e-02	弹性	0~1 标高	93720.00	103100.0	-	1.550e-03	1.448e-02
分布	113	1-Pos	4顶	非线性时程(	12.200	1.012e-03	61179.56	6.528e-01	6.989e-02	弹性	0~1 标高	93720.00	103100.0	-	1.550e-03	1.448e-02
分布	118	1-Pos	4底	非线性时程(	12.240	-7.894e-04	-49413.5	4.747e-01	7.130e-02	弹性	0~1 标高	104100.0	114700.0	-	-1.663e-03	-1.107e-02
分布	119	1-Pos	4底	非线性时程(	12.220	-1.094e-03	-68508.9	6.581e-01	9.886e-02	弹性	0~1 标高	104100.0	114700.0	-	-1.663e-03	-1.107e-02
分布	120	1-Pos	4底	非线性时程(	12.300	-1.394e-03	-87267.6	8.383e-01	1.259e-01	弹性	0~1 标高	104100.0	114700.0	-	-1.663e-03	-1.107e-02
分布	121	1-Pos	3顶	非线性时程(	12.380	8.976e-03	112550.2	5.394e+00	8.117e-01	第一屈服	1~2 标高	104300.0	114900.0	-	1.664e-03	1.106e-02
分布	122	1-Pos	3顶	非线性时程(	12.200	1.496e-03	93745.29	8.988e-01	1.352e-01	弹性	0~1 标高	104300.0	114900.0	-	1.664e-03	1.106e-02
分布	123	1-Pos	3顶	非线性时程(	12.180	1.123e-03	70365.12	6.746e-01	1.015e-01	弹性	0~1 标高	104300.0	114900.0	-	1.664e-03	1.106e-02
分布	128	1-Pos	3底	非线性时程(	12.240	-8.102e-04	-54248.9	4.738e-01	9.545e-02	弹性	0~1 标高	114500.0	126300.0	-	-1.710e-03	-8.488e-03
分布	129	1-Pos	3底	非线性时程(	12.220	-1.136e-03	-76097.5	6.646e-01	1.339e-01	弹性	0~1 标高	114500.0	126300.0	-	-1.710e-03	-8.488e-03
分布	130	1-Pos	3底	非线性时程(	12.300	-1.460e-03	-97756.6	8.538e-01	1.720e-01	弹性	0~1 标高	114500.0	126300.0	-	-1.710e-03	-8.488e-03
分布	131	1-Pos	3顶	非线性时程(	26.780	-7.956e-03	-111398.	4.781e+00	7.194e-01	第一屈服	1~2 标高	104300.0	114900.0	-	-1.664e-03	-1.106e-02
分布	132	1-Pos	3顶	非线性时程(	26.740	-1.478e-03	-92622.6	8.880e-01	1.336e-01	弹性	0~1 标高	104300.0	114900.0	-	-1.664e-03	-1.106e-02
分布	133	1-Pos	3顶	非线性时程(	26.720	-1.106e-03	-69312.8	6.646e-01	9.999e-02	弹性	0~1 标高	104300.0	114900.0	-	-1.664e-03	-1.106e-02
分布	138	1-Pos	3底	非线性时程(	26.760	8.328e-04	55763.55	4.870e-01	9.812e-02	弹性	0~1 标高	114500.0	126300.0	-	1.710e-03	8.488e-03
分布	139	1-Pos	3底	非线性时程(	26.740	1.132e-03	75829.48	6.623e-01	1.334e-01	弹性	0~1 标高	114500.0	126300.0	-	1.710e-03	8.488e-03
分布	140	1-Pos	3底	非线性时程(	26.740	1.427e-03	95555.73	8.345e-01	1.681e-01	弹性	0~1 标高	114500.0	126300.0	-	1.710e-03	8.488e-03
分布	141	1-Pos	4顶	非线性时程(	12.580	5.108e-03	96301.54	3.295e+00	3.528e-01	第一屈服	0~1 标高	93720.00	103100.0	-	1.550e-03	1.448e-02
分布	142	1-Pos	4顶	非线性时程(	26.720	-1.344e-03	-81238.8	8.668e-01	9.280e-02	弹性	0~1 标高	93720.00	103100.0	-	-1.550e-03	-1.448e-02
分布	143	1-Pos	4顶	非线性时程(	26.720	-1.007e-03	-60882.6	6.496e-01	6.955e-02	弹性	0~1 标高	93720.00	103100.0	-	-1.550e-03	-1.448e-02
分布	148	1-Pos	4底	非线性时程(	26.760	8.140e-04	50953.60	4.895e-01	7.353e-02	弹性	0~1 标高	104100.0	114700.0	-	1.663e-03	1.107e-02

Dx Dy Dz Rx Ry Rz

MIDAS/Civil 结果-[非弹性铰(梁单元统计)]

图 2-57　曲率结果

梁单元统计结果表格中，我们可以得到各个方向位移的D_{max}的结果。例如顺桥向曲率在表格下方的 sheet 中选择**“Ry”**，“变形”列即为顺桥向曲率，提取每个桥墩的变形列最大值，即为D_{max}。

步骤 2：查看M-ϕ曲线的等效屈服曲率和极限曲率结果（表 2-7）。点击**“特性 > 塑性材料 > 弯矩曲率”**，操作过程详见本书【实例一】。

墩顶（底）位置曲率验算结果　　表 2-7

桥墩序号	位置	D_{max}	ϕ_P（1/m）	ϕ_u（1/m）	ϕ_y（1/m）	$(\phi_u-\phi_y)/K$（1/m）	结论
右侧桥墩 3	墩顶	0.007956	0.006104	0.03902	0.001852	0.0186	OK
	墩底	0.00304	0.001127	0.03558	0.001913	0.0168	OK
右侧桥墩 4	墩顶	0.005108	0.003321	0.0446	0.001787	0.0214	OK
	墩底	0.002475	0.000623	0.03908	0.001852	0.0186	OK

通过提取顺桥向该桥墩塑性铰区曲率结果与容许曲率对比，可知该桥墩塑性转动能力满足规范要求。

4.5　纤维铰模型桥墩延性验算

对于铁路规范，纤维铰有着独特的优势。《铁路工程抗震设计规范（2009 年版）》（GB

50111—2006）中明确规定当截面最外侧钢筋开始屈服时，认为结构已进入屈服状态。此时，桥墩产生的最大位移即为桥墩的屈服位移Δ_y。第 7.3.3 条给出钢筋混凝土桥墩在罕遇地震作用下的弹塑性变形分析，延性验算应满足下式的要求：

$$\mu_u = \frac{\Delta_{max}}{\Delta_y} < [\mu_u] \tag{2-10}$$

式中：μ_u——非线性位移延性比；

$[\mu_u]$——允许位移延性比，取值为 4.8；

Δ_{max}——桥墩的非线性响应最大位移；

Δ_y——桥墩的屈服位移。

在 midas Civil 中定义纤维铰模型时，可以通过查看"纤维截面分析结果"，明确得到最外侧钢筋进入屈服的时刻，操作方法为：点击**"结果 > 时程分析结果 > 纤维截面分析结果"**（图 2-58）。

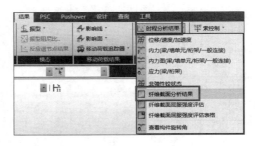

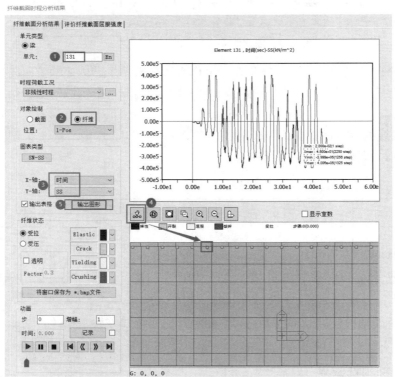

图 2-58　查看钢筋单元应力曲线

在弹出来的表格或者图形上可以看到 5.58s 时受拉区钢筋首次达到了屈服应力（400MPa），此时的位移即为桥墩的屈服位移。查看桥墩在第 5.58s 时以及地震力作用下的最大位移的方法为：

（1）点击"**结果 > 时程分析结果 > 位移/速度/加速度**"（图 2-59）。

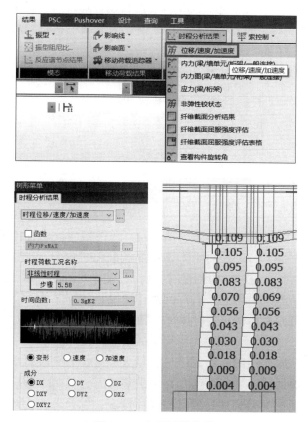

图 2-59 查看屈服位移

（2）点击"**结果 > 变形 > 变形形状**"（图 2-60）。

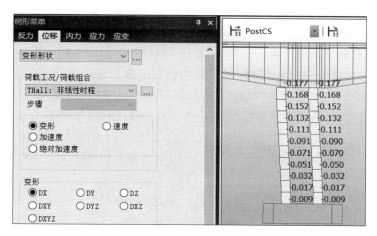

图 2-60 查看桥墩最大位移

位移延性比计算：$\mu_u = \dfrac{0.109}{0.177} = 0.62 < 4.8$。右侧桥墩3的位移延性比为0.62，满足规范要求。

公路及市政桥梁依旧可以采用纤维铰分析结构，由于规范的验算方法，此时只关心计算所得的最大曲率，定义纤维铰时图2-35可选择自动计算即可。特别注意纤维铰的位移内力计算结果与定义的三折线特征值无关，特征值仅为输出铰状态的参考值。对于公路规范验算的屈服状态是通过$M\text{-}\phi$曲线得到的。

纤维铰与骨架铰的结果差异对比见表2-8。

纤维铰与骨架铰曲率验算结果　　　　表2-8

桥墩序号	位置	曲率	结果差异	位置	曲率	结果差异
右侧桥墩3	骨架铰墩顶	0.007956	55.3%	骨架铰墩底	0.00304	71.6%
	纤维铰墩顶	0.005122		纤维铰墩底	0.005218	
右侧桥墩4	骨架铰墩顶	0.005108	7.2%	骨架铰墩底	0.002475	82.4%
	纤维铰墩顶	0.005476		纤维铰墩底	0.004515	

从表2-8可以看出，两者计算结果差异较大，两种塑性铰均有自身的优点和缺点：

①骨架铰运行效率高，特别是对于大型计算模型耗时较少。
②骨架铰无法考虑变轴力对结构刚度的影响，只能考虑固定屈服强度的n折线滞回模型。
③骨架铰是通过荷载试验得到，其滞回规律更贴近实际结构的受力特征。
④纤维铰理论上可以考虑轴力变化对结构刚度的影响。
⑤纤维铰可以输出截面各位置地震作用下的应力应变结果。
⑥由于纤维铰是有限元中的有限元，计算量大，工作效率较骨架铰低。
⑦纤维铰无法考虑滑移等实际可能存在的破坏形态，其基本假设"偏"理想化。

实际工程项目塑性铰类型的选择要根据具体情况，综合考虑上述特点酌情选取。当然从保守设计的角度，两者均能满足规范要求是最好的结果。

4.6 桩基内力

梁桥基础的弯矩、剪力和轴力设计值应根据墩柱底部可能出现塑性铰处截面的超强弯矩、剪力设计值和墩柱恒载轴力（如考虑竖向地震作用时应为最不利轴力），并考虑承台本身地震惯性力的贡献计算。第4.5节中列出了恒载轴力下的墩底超强弯矩，并计算了超强弯矩所对应的剪力。进行基础验算时，可以单独建立承台和桩基部分的独立模型（图2-61），并提取墩底位置的恒载轴力、墩底超强弯矩及其对应剪力施加在承台顶部。对于低桩承台，承台自身地震惯性力可按《公路桥梁抗震设计规范》（JTG/T 2231-01—2020）第6.7.9条计算；对于高桩承台，可以直接采用弹性分析方法，如反应谱方法，计算E2地震作用下提取原整体模型中承台顶部和底部的水平剪力差，作用在承台质心处。

低桩承台惯性力计算公式为：

$$F_{bp} = C_i C_s A G_{bp}/g \tag{2-11}$$

式中：F_{bp}——作用在承台质心处的水平地震力（kN）；

C_i、C_s——分别为抗震重要性系数和场地系数；

A——水平向基本地震动峰值加速度；

G_{bp}——承台的重力（kN）。

代入数据，$F_{bp} = 1.3 \times 1.00 \times 0.3g \times 33893.8/g = 13218.6 \text{kN}$。

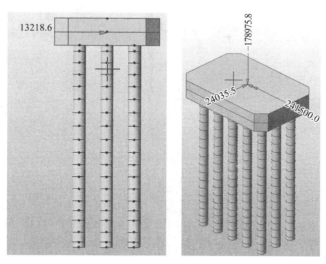

图 2-61　基础计算模型

点击"**结果 > 内力 > 梁单元内力图**"（图 2-62）。

根据上述简化模型计算结果，桩长验算取桩顶最大轴力作为设计值（24554.9kN）。桩身强度验算的设计内力应考虑土中最大弯矩及其对应的轴力。本例土中最大弯矩为 3327kN·m，对应轴力为 24844.3kN。

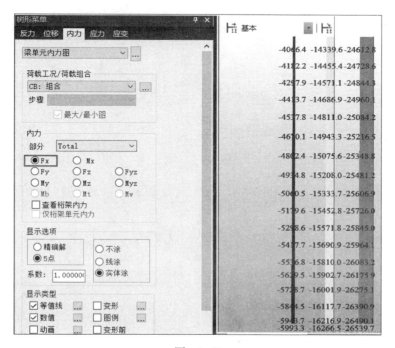

图　2-62

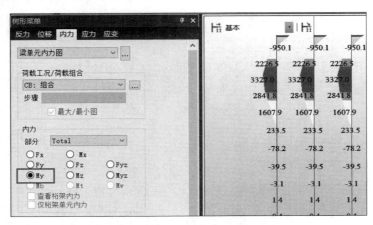

图 2-62　桩基中轴力和弯矩

《公路桥梁抗震设计规范》(JTG/T 2231-01—2020)第 7.3.5 条规定,按照现行《公路桥涵地基与基础设计规范》(JTG 3363)和《公路钢筋混凝土及预应力混凝土桥涵设计规范》(JTG 3362)计算桩基础单桩承载能力(材料强度应取标准值)。另外,《公路桥梁抗震设计规范》(JTG/T 2231-01—2020)第 4.4.1 条规定,在 E2 地震作用下,单桩的抗压承载能力可提高至非抗震设计时的 2 倍(这部分计算略)。

实例三

减隔震桥梁反应谱分析

1 工程概况及模型简介

1.1 工程概况

本桥位于某二级公路上，跨度布置为四跨（24 + 27 + 2 × 26）m，如图 3-1 所示。上部结构为预应力混凝土连续箱梁，梁高 1.8m，桥面宽度 9m，主梁采用单箱单室结构。下部结构采用独柱矩形桥墩，其中桥墩采用 1.5m × 2m 断面。基础采用桩基接承台基础，承台为矩形，截面尺寸为 2.5m × 6.5m，每个桥墩下设 2 根钻孔灌注桩，桩径 1.5m，各墩桩长均为 23m。每个桥台以及桥墩上均设置两个支座，桥墩支座均采用圆形高阻尼橡胶支座 HDR（Ⅱ）-d670 × 182-G0.8，左右两侧桥台支座采用矩形 LNR 滑动橡胶支座 LNR（H）-470 × 570 × 174。

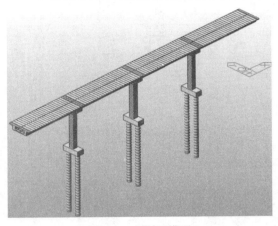

图 3-1 有限元模型

本桥地震相关控制指标为：地震分区特征周期为 0.35s，场地类别为Ⅱ类，抗震设防烈度为 7 度（0.15g）。

1.2 模型简介

本桥模型采用梁单元建立，模型共有 402 个节点、375 个单元。

步骤 1：定义材料和截面特性值（图 3-2、图 3-3）。点击"**特性 > 材料特性值**"。点击"**特性 > 截面特性值**"。

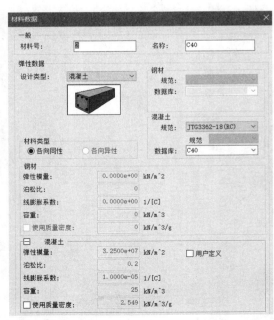

图 3-2

图 3-2 定义材料

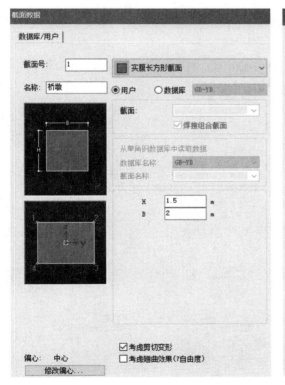

图 3-3

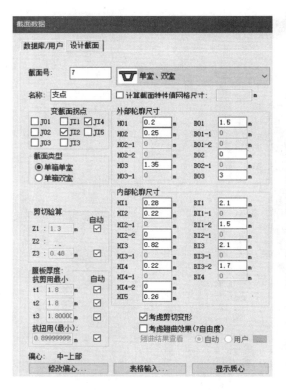
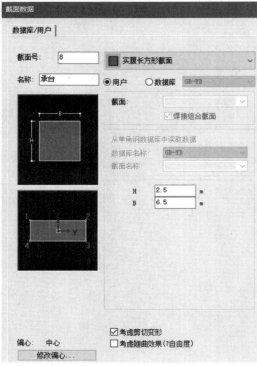
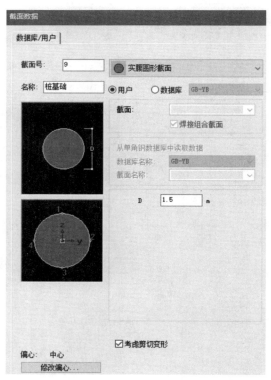

图 3-3 定义截面

步骤 2：建立节点、单元。在 midas Civil 中建立节点以及单元可以采用多种方式，比较常用的有以下两种：一是在 CAD 文件中分割好单元之后直接导入，需要注意的是导入的文件需要是 dxf 格式；二是在 midas Civil 中直接建立节点，并通过扩展生成单元，通过主梁节点的移动和复制来建立支座节点，下部结构的单元也可通过建立节点后扩展生成，这部分内容在本章中不再详细描述。

步骤 3：建立支座。支座模拟：桥墩支座采用圆形高阻尼橡胶支座 HDR(II)-d670×182-G0.8，采用一般连接模拟。桥台支座为矩形 LNR 滑动橡胶支座 LNR(H)-470×570×174，采用弹性连接模拟。全桥支座布置如图 3-4 所示。

图 3-4　支座布置图（尺寸单位：mm）

点击"**边界 > 刚性连接**"。选择"**主梁支座连接**"（自定义）边界组，主节点选择主梁节点，模型窗口中选择支座上节点，类型选择"**刚体**"，约束所有自由度。主梁和支座顶节点的刚性连接如图 3-5 所示。

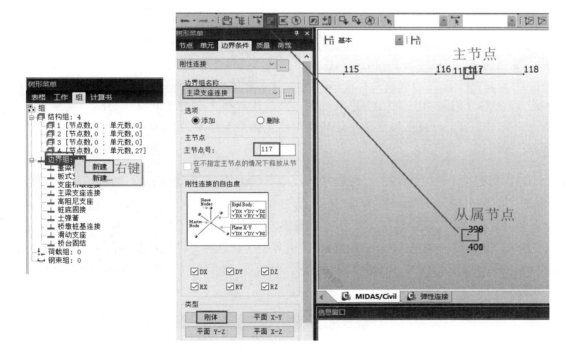

图 3-5　主梁和支座顶节点的刚性连接

本桥采用整体型减隔震装置高阻尼橡胶支座。《公路桥梁抗震设计规范》（JTG/T 2231-01—2020）第 10.3.3 条给出了高阻尼橡胶支座的恢复力模型，采用双线性模型。高阻尼橡胶支座的参数以及恢复力模型见表 3-1、图 3-6。

高阻尼橡胶支座性能表　　　　　　　　　　　表 3-1

规格型号	竖向承载力P（kN）	容许剪切位移X（mm）	容许剪应变γ_e	屈服力Q_y（kN）	一次刚度K_1（kN/m）	二次刚度K_2（kN/m）	水平等效刚度K_h（kN/m）	压缩刚度K_v（kN/m）
HDR(II)-d670×182-G0.8	3878	208	2.0	117	7.01	2	2.54	1007

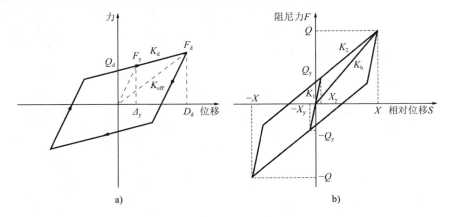

图 3-6　高阻尼橡胶支座恢复力模型

Q_d-减隔震支座的特征强度；Δ_y、X_y-减隔震支座的屈服位移；K_d-减隔震支座的屈服后刚度；K_{eff}-减隔震支座的等效刚度；D_d-减隔震支座的水平设计位移；X-剪切位移；F_y、Q_y-减隔震支座的水平屈服力

> 注：图 3-6a) 是《公路桥梁抗震设计规范》（JTG/T 2231-01—2020）给出的高阻尼橡胶支座的恢复力模型，图 3-6b) 是《HDR 系列高阻尼隔震橡胶支座设计指南》中给出的，可以看出这两个恢复力模型是完全相同的，只是表达的符号不同。《公路桥梁抗震设计规范》（JTG/T 2231-01—2020）中减隔震支座屈服后刚度K_d对应表格中的K_2，减隔震支座的等效刚度K_{eff}对应表格中水平等效刚度K_h（但是表格中的K_h为对应于试验剪应变给出的值）。

点击"**边界 > 一般连接 > 一般连接特性值 > 添加**"。作用类型选择"**内力**"，特性值类型选择"**滞后系统**"，有效刚度D_X、D_Y、D_Z分别为 1007000kN/m、7010kN/m、7010kN/m（初始刚度K_1）。定义减隔震支座特性值如图 3-7 所示。

点击"**边界 > 一般连接 > 一般连接**"。边界组名称选择"**高阻尼支座**"，一般连接特性值名称选择"HDR670"，模型窗口分别点选支座顶、底节点（130、139），依次建立，如图 3-8 所示。

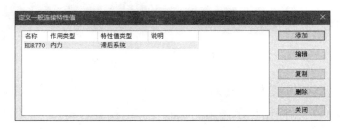

图 3-7

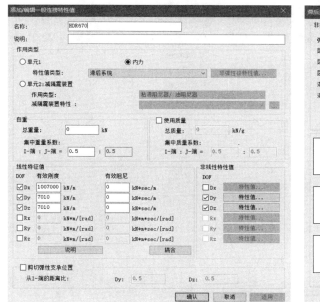 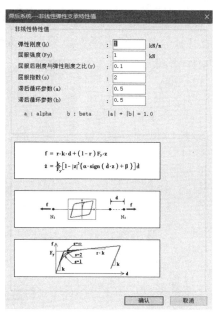

图 3-7　定义减隔震支座特性值

> 注：虽然反应谱分析只能调用线性刚度，但是考虑减隔震桥梁采用多振型反应谱法进行抗震分析，其迭代过程要多次修正支座刚度，故本实例采用了一般连接特性值来定义高阻尼橡胶支座而非弹性连接，当采用一般连接的时候修正支座刚度只需要修改一次特性值即可，如果采用弹性连接则每次修改要修改 6 个支座的刚度。一般连接其特性值包含两部分：线性特征值和非线性特征值。反应谱分析虽然只会调用线性特征值部分，但是 Civil 中一般连接特性值中应至少有一个非线性特性值才可以，故非线性特征值也至少要勾选一个，参数部分无须计算，定义一个非 0 值即可。

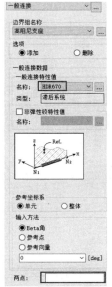 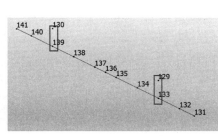

图 3-8　建立一般连接

桥台支座-LNR 滑动橡胶支座，按《公路桥梁抗震设计规范》（JTG/T 2231-01—2020）第 6.2.7 条，其恢复力模型也采用双线性模型，如图 3-9 所示；支座参数数据可以参考厂家提供的规格表，见表 3-2。

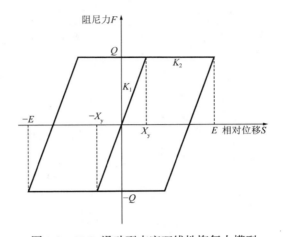

图 3-9　LNR 滑动型支座双线性恢复力模型

Q-设计荷载下的滑动摩擦力；K_1-滑动前水平刚度；X_y-屈服位移

LNR 滑动橡胶支座性能表　　　表 3-2

规格型号	竖向承载力P（kN）	滑动摩擦力Q（kN）	滑动前水平刚度K_h（kN/m）	竖向刚度K_v（kN/m）
LNR(H)-470×570×174	2970	89	2.48	1072

点击"**边界 > 弹性连接**"。建立弹性连接如图 3-10 所示。

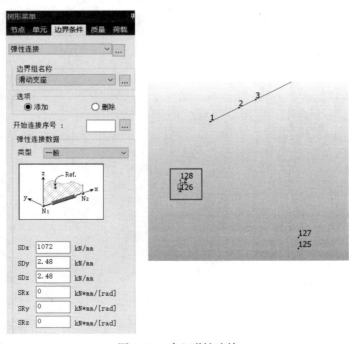

图 3-10　建立弹性连接

注：无论是一般连接还是弹性连接，这里输入刚度时所依据的坐标系均为弹性连接单元坐标系。单元坐标系也是由 X、Y、Z 三轴满足右手螺旋法则而组成的空间直角坐标系，X 轴的方向平行于连接的两个节点的连线方向，所以要注意 SD_x 输入的是支座竖向支承刚度。一般连接主要用于模拟减隔震装置等，与弹性连接相比，除了可以定义六个方向的线性刚度外，还可以定义六个方向的线性阻尼特性以及非线性特性。图 3-11 是连接两个节点的弹性连接单元的单元坐标系。

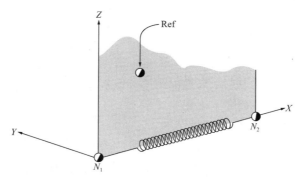

图 3-11　连接两个节点的弹性连接单元的单元坐标系

N_1、N_2-节点号；Ref-其他节点编号

步骤 4：建立桩底、桥台底部节点固接约束（图 3-12）。点击 **"边界/边界 > 一般支承"**。选择 **"桩底固接"** 边界组，约束所有方向的刚度（除"Rw"），选择桩底、桥台支座下节点。

步骤 5：建立桩基土弹簧（图 3-13）。点击 **"边界 > 节点弹性支承"**。

图 3-12　桩底、桥台底部固接约束

图 3-13　定义节点弹性支承

桩基础模拟：桩基础的侧向约束刚度根据 m 值法计算得到，桩底节点约束 6 个方向的自由度。建立桩基础单元的流程如下。

①首先根据地勘报告中的土层情况,将桩长所在范围内的土分层,厚度比较大的土层可以细分为多个土层。

②根据地勘报告或根据土层特性查阅地基规范得到各层土的m值(动力计算为静力比例系数的2~3倍)。

③根据下述公式计算各层土的侧向弹簧刚度。将节点布置在各层土的中心位置,建立桩基础单元,并施加边界。

m值法刚度计算公式如下:

$$SD_x/SD_y = mhb_1Z \tag{3-1}$$

式中:SD_x、SD_y——桩身土侧向刚度(kN/m);

m——动土比例系数(kN/m⁴);

h——各土层中点距离地面距离(m);

b_1——桩计算宽度(m);

Z——各土层厚度(m)。

SD_x和SD_y分别输入采用m值法计算出来的桩身土侧向刚度,模型窗口中选择对应的节点进行添加。也可以一次性选择全部桩基节点,然后在"**树形菜单 > 工作 > 节点弹性支承 > 右键 > 表格**"中进行调整,或者在Excel表格中整理并直接复制粘贴过来。

《公路桥梁抗震设计规范》(JTG/T 2231-01—2020)第3.1.3条条文说明指出,对A类桥梁、B类和C类中的斜拉桥和悬索桥以及采用减隔震设计的桥梁,E2地震作用下的抗震计算可采用开裂截面刚度。参考该规范第9.3.3条,开裂刚度可取0.8倍全截面刚度,本项目采用减隔震设计,故需要对桥墩刚度进行折减。

步骤6:折减桥墩截面刚度(图3-14)。点击"**特性 > 截面管理器 > 刚度**"。

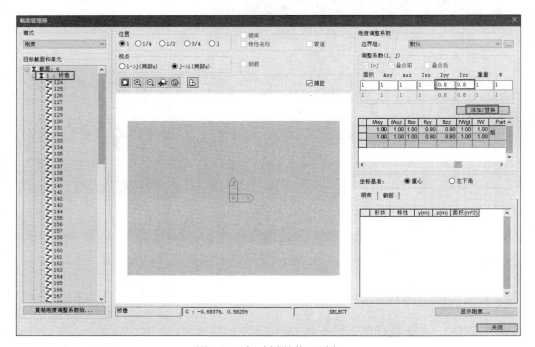

图3-14 折减桥墩截面刚度

> 注：midas Civil 是按照截面来修改刚度的，选择截面列表中的一个单元然后在右侧调整系数窗口，将 I_{yy}、I_{zz} 中输入 0.8，其余全部赋予了名称为"桥墩"的单元抗弯刚度都会按 0.8 修正。故如果有的桥墩单元不想修改截面抗弯刚度，那么可以另外建立一个截面，赋予不想修改刚度的单元，这样就可以实现不同的单元分别考虑不同的刚度修正系数。midas Civil 中刚度调整系数最终是以边界的形式添加的。如果模型定义了施工阶段，而截面刚度调整需要在施工阶段予以激活，那么就要先选择上方的"边界组"的名称，然后点击添加。

步骤 7：添加静力荷载（图 3-15）。

本项目减隔震设计考虑的作用效应，永久作用包括结构重力、二期恒载、温度作用。本实例中钢束二次效应对轴力影响较小（不足 5%），故忽略了预应力效应。《公路桥梁抗震设计规范》（JTG/T 2231-01—2020）第 3.6 条对公路桥梁抗震设计考虑的作用效应中提出进行支座等墩梁连接构件抗震验算时，还应计入 50% 的均匀温度作用效应。同时该规范第 10.2.4 条条文说明指出：减隔震装置的设计位移是指其地震作用效应、永久作用效应和均匀温度作用效应组合后的水平位移，按该规范中式(7.5.1-2)计算。再次明确了减隔震装置的设计位移应包含均匀温度作用效应。

点击"**荷载 > 静力荷载 > 静力荷载工况**"。

点击"**荷载 > 静力荷载 > 自重**"，如图 3-16 所示。

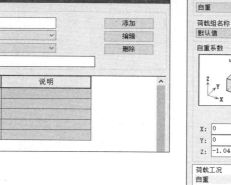

图 3-15 静力荷载工况　　图 3-16 定义自重

点击"**荷载 > 静力荷载 > 梁单元荷载**"，如图 3-17 所示。

点击"**荷载 > 温度/预应力 > 系统温度**"，如图 3-18 所示。

步骤 8：定义地震作用。

根据《公路桥梁抗震设计规范》（JTG/T 2231-01—2020）第 10.1.3 条，采用减隔震设计的桥梁，可只进行 E2 地震作用下的抗震设计和验算，故反应谱函数只需要定义 E2 即可。

点击"**结构 > 类型 > 结构类型**"。点击"**荷载 > 荷载类型（静力荷载）> 荷载转化为质量**"，如图 3-19 所示。

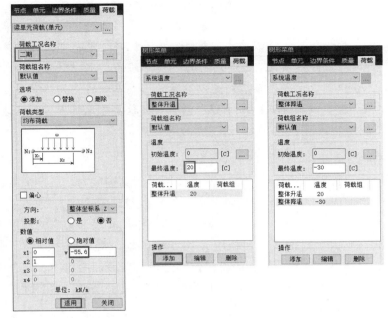

图 3-17　定义二期恒载　　图 3-18　定义均匀温度荷载

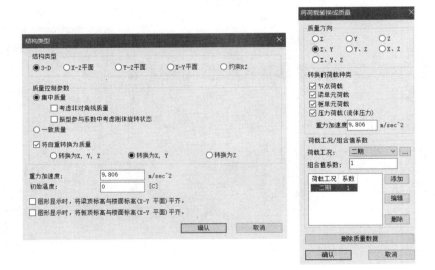

图 3-19　将恒载转化为质量

点击"**荷载 > 荷载类型（地震作用） > 反应谱函数**"，如图 3-20 所示。

图　3-20

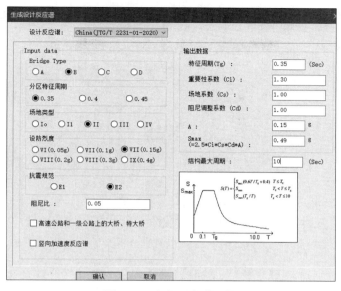

图 3-20　定义反应谱函数

> 注：定义设计反应谱函数的时候，首先选择规范，不同的抗震设计规范定义的反应谱函数是不同的。接下来需要在对话框左侧的 Input data 中选择桥梁对应的控制指标，右侧输出数据列会自动计算各种系数。

点击"荷载 > 荷载类型（地震作用）> 反应谱"，如图 3-21 所示。

图 3-21　定义反应谱工况

步骤9：定义振型分析方法及数量（图3-22）。点击**"分析 > 分析控制 > 特性值"**。

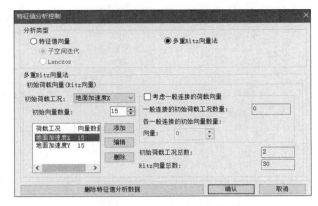

图 3-22　定义特征值分析控制

> 注：反应谱分析和时程分析时，特征值计算方法一般选择"多重Ritz向量法"，Ritz向量法计算时效率会更高。我们考虑计算的向量数量取决于最终振型参与系数。《公路桥梁抗震设计规范》(JTG/T 2231-01—2020) 第6.3.3条规定，采用多振型反应谱法计算时，所考虑的振型阶数应保证在计算方向的质量参与系数在90%以上。特征值模态结果如图3-23所示。

模态号	TRAN-X 质量(%)	TRAN-X 合计(%)	TRAN-Y 质量(%)	TRAN-Y 合计(%)	TRAN-Z 质量(%)	TRAN-Z 合计(%)	ROTN-X 质量(%)	ROTN-X 合计(%)	ROTN-Y 质量(%)	ROTN-Y 合计(%)	ROTN-Z 质量(%)	ROTN-Z 合计(%)
1	70.96	70.96	0.00	0.00	0.00	0.00	0.00	0.00	35.17	35.17	0.00	0.00
2	0.00	70.96	66.36	66.36	0.00	0.00	35.03	35.03	0.00	35.17	0.07	0.07
3	0.00	70.96	0.03	66.39	0.00	0.00	0.02	35.04	0.00	35.17	78.05	78.12
4	0.00	70.96	0.00	66.39	0.00	0.00	0.00	35.04	0.00	35.17	0.00	78.12
5	0.00	70.96	0.00	66.39	0.00	0.00	0.00	35.04	0.00	35.17	0.00	78.12
6	4.49	75.46	0.00	66.39	0.00	0.00	0.00	35.04	0.04	35.20	0.00	78.12
7	0.00	75.46	0.11	66.51	0.00	0.00	0.00	35.04	0.00	35.20	0.00	78.12
8	0.00	75.46	8.14	74.65	0.00	0.00	0.29	35.33	0.00	35.20	0.00	78.12
9	0.00	75.46	0.00	74.65	0.00	0.00	0.00	35.33	0.00	35.20	5.89	84.01
10	0.00	75.46	0.03	74.68	0.00	0.00	0.00	35.33	0.00	35.20	0.04	84.05
11	0.00	75.46	0.00	74.68	0.00	0.00	0.00	35.33	0.00	35.20	0.00	84.05
12	0.00	75.46	0.00	74.68	0.00	0.00	0.00	35.33	0.00	35.20	0.00	84.05
13	6.06	81.52	0.00	74.68	0.00	0.00	0.00	35.33	3.89	39.09	0.00	84.05
14	0.00	81.52	0.00	74.68	0.00	0.00	0.00	35.33	0.00	39.09	0.00	84.05
15	0.00	81.52	0.23	74.91	0.00	0.00	0.12	35.45	0.00	39.09	0.00	84.05
16	0.00	81.52	7.77	82.68	0.00	0.00	4.54	39.99	0.00	39.09	0.00	84.05
17	0.00	81.52	0.06	82.74	0.00	0.00	0.04	40.03	0.00	39.09	0.03	84.08
18	0.00	81.52	0.00	82.74	0.00	0.00	0.00	40.03	0.00	39.09	0.00	84.08
19	0.00	81.52	0.00	82.74	0.00	0.00	0.00	40.03	0.00	39.09	1.43	85.51
20	2.22	83.74	0.00	82.74	0.00	0.00	0.00	40.03	2.15	41.24	0.00	85.51
21	0.00	83.74	1.85	84.58	0.00	0.00	1.93	41.97	0.00	41.24	0.00	85.51
22	0.00	83.74	0.00	84.58	0.00	0.00	0.00	41.97	0.00	41.24	0.00	85.51
23	0.00	83.74	0.00	84.59	0.00	0.00	0.02	41.99	0.00	41.24	1.23	86.74
24	0.89	84.63	0.00	84.59	0.00	0.00	0.00	41.99	0.99	42.23	0.00	86.74
25	0.00	84.63	0.52	85.11	0.00	0.00	0.68	42.67	0.00	42.23	0.06	86.80
26	0.54	85.17	0.00	85.11	0.00	0.00	0.00	42.67	0.64	42.87	0.00	86.80
27	0.21	85.37	0.00	85.11	0.00	0.00	0.00	42.67	0.29	43.16	0.00	86.80
28	3.26	88.63	0.00	85.11	0.00	0.00	0.00	42.67	5.01	48.17	0.00	86.80
29	0.00	88.64	8.24	93.35	0.00	0.00	19.54	62.21	0.00	48.17	0.03	86.83
30	8.47	97.10	0.00	93.35	0.00	0.00	0.00	62.21	31.68	79.86	0.00	86.83

图 3-23　特征值模态结果

2　减隔震桥梁反应谱分析迭代过程

2.1　减隔震工作原理简介

从抗震原理来看，减隔震技术与延性抗震设计是类似的。两者都是通过延长周期以避开地震能量集中的周期范围，并且通过塑形变形或增大阻尼以耗散地震能量来达到减小地震反应的目的。

利用结构构件本身存储和耗散地震能量，存在震后结构损伤严重、修复量较大甚至无法修复的缺点。减隔震技术通过设置消能部件或隔振装置，耗散地震能量或减少输入结构中的地震能量，降低结构响应，从而有效保护主体结构。结构振动控制根据是否需要输入外部能源分为：被动控制、主动控制、半主动控制和混合控制。从总体上讲，被动控制有三条基本途径：一是通过设置具有整体复位功能的隔震层，以延长整个结构体系的自振周期，减少输入上部结构的地震能量；二是通过附加材料屈服时产生的塑形变形（如金属阻尼器）、构件间相对位移时产生的摩擦（如摩擦阻尼器）或耗能材料的黏（弹）性滞回变形（如黏滞阻尼器和黏弹性阻尼器），在结构进入塑形变形前阻尼器先发生耗能，以耗散大部分地面运动传递给结构的能量；三是通过附加振动系统（如调谐质量阻尼器和调谐液体阻尼器），利用振动模态间的相互传递，将结构的主振动转移到附件系统中。概括来说，目前常用的结构被动控制技术主要有隔震技术、耗能减震技术和吸能减震技术。

减隔震技术属于结构被动控制技术。减震是利用特制减震构件或装置，使之在强震时率先进入塑形，产生大阻尼，大量消耗进入结构体系的能量；而隔震则是利用隔震体系，设法阻止地震能量进入主体结构。在实践中，常常把这两种体系合二为一。概括起来，减隔震技术的工作机理有三条：①采用柔性支承延长结构周期，减小结构地震反应；②采用阻尼器式能量耗散元件，限制结构位移；③保证结构在正常使用荷载作用下具有足够的刚度。

《公路桥梁抗震设计规范》（JTG/T 2231-01—2020）中提到，常用的减隔震装置分为整体型减隔震装置和分离型减隔震装置。常用的整体型减隔震装置有：铅芯橡胶支座、高阻尼橡胶支座、摩擦摆式减隔震支座。常用的分离型减隔震装置有：橡胶支座＋金属阻尼器、橡胶支座＋摩擦阻尼器。同时《公路桥梁抗震设计规范》（JTG/T 2231-01—2020）第10.1节一般规定中提出了可采用减隔震设计的条件以及不宜采用减隔震设计的几种情况。该规范第10.1.1条显示满足下列条件之一的桥梁，可采用减隔震设计：

（1）桥墩为刚性墩，桥梁的基本周期比较短。

（2）桥墩高度相差较大时。

（3）桥梁工程场地的预期地面运动特性比较明确，主要能量集中在高频段时。

根据《公路桥梁抗震设计规范》（JTG/T 2231-01—2020）第10.1.2条，存在下列情况之一时，不宜采用减隔震设计：

（1）地震作用下，场地可能失效。

（2）下部结构刚度小，桥梁的基本周期比较长。

（3）位于软弱场地，延长周期也不能避开地震波能量集中频段。

（4）支座中可能出现负反力。

2.2　计算全桥等效阻尼比

《公路桥梁抗震设计规范》（JTG/T 2231-01—2020）第10.3.1条的条文说明指出了减隔震桥梁宜采用的分析方法为非线性动力时程分析方法或多模态反应谱法，具体采用哪种分析方法可以参考该规范第10.3.4条，当减隔震桥梁的基本周期（隔震周期）大于3s，或减隔震桥梁的等效阻尼比超过30%，或需考虑竖向地震作用时，必须采用非线性动力时程方法。本实例模型基本周期小于3s且不需要考虑竖向地震作用，故拟采用多振型反应谱法进行分析。

《公路桥梁抗震设计规范》(JTG/T 2231-01—2020) 第 10.3.10 条给出了采用多振型反应谱法进行减隔震桥梁分析的迭代方法。具体方法如下：

（1）建立结构初始计算模型，初始计算模型各支座刚度可取屈服前初始刚度，全桥等效阻尼比 ξ_{eq} 可取 0.05。

（2）按多振型反应谱法进行抗震计算，得到各支座位移，根据各支座位移，按该规范式(10.3.6-5)计算各支座等效刚度，按该规范式(10.3.6-9)计算等效单自由度系统的全桥等效阻尼比 ξ_{eq}。

（3）按各支座等效刚度修正计算模型，并按全桥等效阻尼比修正 0.8 倍一阶振型周期及以上周期的反应谱值，得到修正的设计加速度反应谱。

（4）重新进行抗震计算，得到新的各支座位移。

（5）比较新的各支座位移和上一次计算结果的差异，如两者相差大于 3%，则用新的支座位移替代上一次的值，重新计算各支座等效刚度和全桥等效阻尼比，返回第（3）步并进行迭代计算，直至计算出的位移结果和上一次的计算值之间的误差在 3% 以内时，迭代结束。

这里需要注意的是上述迭代过程的全桥等效阻尼比 ξ_{eq} 指的是全桥等效单自由度系统的阻尼比，按《公路桥梁抗震设计规范》(JTG/T 2231-01—2020) 第 10.3.6 条规定计算。

$$\xi_{eq} = \frac{2\sum[Q_{d,i}(d_i - \Delta_{y,i})]}{\pi\sum[K_{eq,i}(d_i + d_{p,i})^2]} \tag{3-2}$$

式中：$K_{eq,i}$——第 i 个桥墩、桥台与其上减隔震支座等效弹簧串联后的组合刚度值（kN/m）；

$Q_{d,i}$——第 i 个桥墩、桥台的减隔震支座的特征强度（kN）；

d_i——第 i 个桥墩、桥台的减隔震支座的水平位移（m）；

$d_{p,i}$——第 i 个桥墩、桥台的顶部水平位移（m）；

$\Delta_{y,i}$——第 i 个桥墩、桥台的减隔震支座的屈服位移（m）。

根据以上迭代方法，要计算减隔震支座的刚度，首先要得到减隔震支座位移，在初始模型中减隔震支座刚度定义为初始刚度即表 3-1 中 K_1（按图 3-7 进行减隔震支座初始特性值定义），全桥等效阻尼比 ξ_{eq} 取 0.05。

步骤 1：定义地震荷载组合（图 3-24）。点击**"结果 > 荷载组合"**。

图 3-24 定义地震力组合

步骤 2：查看支座位移（图 3-25）。点击**"结果 > 变形 > 荷载工况/荷载组合（CB：地震力）"**。

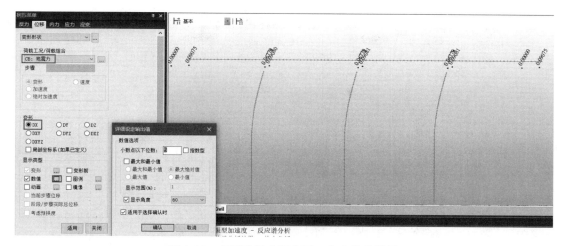

图 3-25　查看地震力组合下D_x方向位移结果

步骤 3：计算减隔震支座参数。

高阻尼橡胶支座的特征强度Q_d是利用支座屈服位移（Δ_y）、支座的屈后刚度（K_d）以及屈服力（Q_y）等参数通过图 3-6 给出的恢复力模型计算出来。

$$Q_d = Q_y - K_d\Delta_y \tag{3-3}$$

对应于本实例采用的高阻尼橡胶支座 HDR(II)-d670×182-G0.8，根据表 3-1 高阻尼橡胶支座性能表计算Δ_y：

$$\Delta_y = \frac{Q_y}{K_1} = \frac{117}{7010} = 0.01669\text{mm}$$

$$Q_d = 117 - 2000 \times 0.01669 = 83.619\text{kN}$$

计算全桥等效阻尼比需要计算每个桥墩与其上减隔震支座等效弹簧串联后的组合刚度值$K_{eq,i}$，该组合刚度按《公路桥梁抗震设计规范》（JTG/T 2231-01—2020）式(10.3.6-4)计算。

$$K_{eq,i} = \frac{\alpha_i K_{p,i}}{1 + \alpha_i} \tag{3-4}$$

式中：$K_{p,i}$——第i个桥墩的抗推刚度（kN/m）；

α_i——计算系数。

第i个桥墩的抗推刚度$K_{p,i}$可以通过建立抗推刚度模型计算求得。抗推刚度计算模型可以将原整体模型的上部结构删除，只保留 1 个桥墩（含盖梁、承台、桩基），在盖梁中心分别施加顺桥向、横桥向 1000kN 的水平推力。推力除以下部结构在这个 1000kN 的推力作用下其顶部位移即为桥墩抗推刚度。桥台的抗推刚度$K_{p,i}$可以人为定义一个较大值（本模型按10000000kN/m）作为桥台的抗推刚度。求解桥墩抗推刚度模型如图 3-26 所示。抗推刚度计算见表 3-3。

按《公路桥梁抗震设计规范》（JTG/T 2231-01—2020）式(10.3.6-6)计算系数α_i（每个桥墩上有 2 个减隔震支座），并查询初始模型主梁位移，初始计算模型可以查询主梁位移d为0.09081m，如图 3-25 所示。

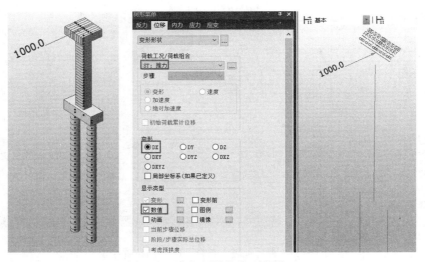

图 3-26 求解桥墩抗推刚度模型

抗推刚度计算表　　　　　　　　　　　表 3-3

顺桥向	0 号桥台	1 号墩	2 号墩	3 号墩	4 号桥台
F（kN）	—	1000	1000	1000	—
D_x（m）	—	0.17265	0.17265	0.17265	—
$K_{p,i}$（kN/m）	10000000	5792.065	5792.065	5792.065	10000000

$$\alpha_i = \frac{K_{d,i}d + Q_{d,i}}{K_{p,i}d - Q_{d,i}} = \frac{2000 \times 0.09081 \times 2 + 83.619 \times 2}{5792.065 \times 0.09081 - 83.619 \times 2} = 1.4787$$

式中：$K_{d,i}$——第 i 个桥墩、桥台上的减隔震支座的屈后刚度（kN/m）；
　　　d——梁体顺桥向或横桥向的水平位移（m）。

求解出计算系数 α_i 之后，按《公路桥梁抗震设计规范》（JTG/T 2231-01—2020）式(10.3.6-7)，计算减隔震支座的水平位移 d_i 以及墩顶位移 $d_{p,i}$。

$$d_i = \frac{d}{1+\alpha_i} = \frac{0.09081}{1+1.4787} = 0.03664 \text{m}$$

$$d_{p,i} = d - d_i = 0.09081 - 0.03664 = 0.05417 \text{m}$$

式中：d——梁体顺桥向或横桥向的水平位移（m）；
　　　d_i——第 i 个桥墩、桥台上的减隔震支座的水平位移（m）；
　　　α_i——计算系数；
　　　$d_{p,i}$——第 i 个桥墩、桥台的顶部水平位移（m）。

按《公路桥梁抗震设计规范》（JTG/T 2231-01—2020）式(10.3.6-4)计算桥墩与其上减隔震支座等效弹簧串联后的组合刚度：

$$K_{eq,i} = \frac{\alpha_i K_{p,i}}{1+\alpha_i} = \frac{1.4787 \times 5792.065}{1+1.4787} = 3455.33 \text{kN/m}$$

计算出每个桥台、桥墩与其上减隔震支座组合刚度后，可以按抗震规范式(10.3.6-9)计算等效单自由度系统的全桥等效阻尼比 ξ_{eq}。

$$\xi_{eq} = \frac{2\sum[Q_{d,i}(d_i - \Delta_{y,i})]}{\pi\sum[K_{eq,i}(d_i + d_{p,i})^2]} = 0.0723$$

初始模型各参数计算见表 3-4。

初始模型各参数计算表　　　　　　　　　　表 3-4

顺桥向	0 号桥台	1 号墩	2 号墩	3 号墩	4 号桥台
$K_{p,i}$（kN/m）	10000000	5792.065	5792.065	5792.065	10000000
d（m）	0.09081	0.09081	0.09081	0.09081	0.09081
$K_{d,i}$（kN/m）	0	2000	2000	2000	0
$\Delta_{y,i}$（m）	0.002	0.01669	0.01669	0.01669	0.002
$Q_{d,i}$（kN）	21.798	83.619	83.619	83.619	23.960
α_i	0.00044	1.4787	1.4787	1.4787	0.00045
d_i（m）	0.0908	0.03664	0.03664	0.03664	0.0908
$d_{p,i}$（m）	4.07E-05	0.05417	0.05417	0.05417	4.11E-05
$K_{eq,i}$（kN/m）	4478.29	3455.33	3455.33	3455.33	4525.89
ξ_{eq}	0.0723				

2.3 修正设计加速度反应谱

设计加速度反应谱函数要按新的全桥等效阻尼比修正，这里的全桥等效阻尼比 ξ_{eq} 即第 2.2 节计算的等效单自由度系统的全桥等效阻尼比。根据《公路桥梁抗震设计规范》（JTG/T 2231-01—2020）第 10.3.10 条的条文说明，采用全桥等效阻尼比修正设计加速度反应谱，实际上是修正计算方向对应一阶振型的反应谱值，对应二阶及以上振型的阻尼比仍取 0.05，所以只修正 0.8 倍一阶振型周期及以上周期的反应谱值。图 3-27 是减隔震桥梁设计加速度反应谱修正示意图。

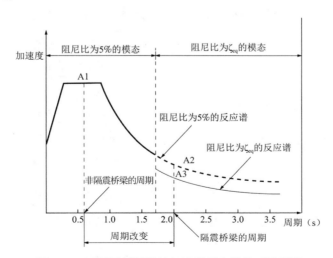

图 3-27　减隔震桥梁设计加速度反应谱修正示意图

按新的全桥等效阻尼比修正设计加速度反应谱，首先要提取设计加速度反应谱谱值，可以将程序中提供的设计反应谱频谱数据直接复制粘贴到 Excel 表格中。然后按上一步计算得到的全桥等效阻尼比，计算阻尼调整系数C_d值并计算新的加速度反应谱谱值S，最后替换原有设计加速度反应谱，生成修正后的反应谱函数。

步骤1：提取设计加速度反应谱值（图3-28）。点击**“荷载 > 反应谱函数”**。

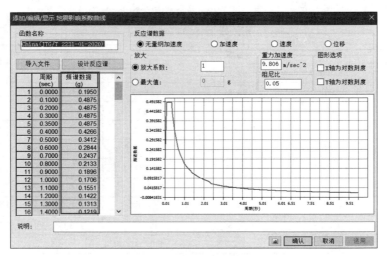

图3-28 设计加速度反应谱值

$$C_d = 1 + \frac{0.05 - \xi}{0.08 + 1.6\xi} = 1 + \frac{0.05 - 0.0723}{0.08 + 1.6 \times 0.0723} = 0.886$$

$$S'_{max} = 2.5C_iC_sC_dA = 2.5 \times 1.3 \times 0.886 \times 0.15g = 0.432g$$

$$S(T) = S_{max}(T_g/T), \ T_g < T \leqslant 10s$$

步骤2：查询结构基本周期T（图3-29）。点击**“结果 > 结果表格 > 周期与振型”**。

节点	模态	UX	UY	UZ	RX
特征值分析					
	模态号	频率 (rad/sec)	频率 (cycle/sec)	周期 (sec)	容许误差
	1	2.216266	0.352730	2.835032	0.0000e+00
	2	2.417553	0.384766	2.598985	0.0000e+00
	3	2.860536	0.455268	2.196507	0.0000e+00
	4	12.671108	2.016670	0.495867	0.0000e+00
	5	12.673228	2.017007	0.495784	0.0000e+00
	6	12.947849	2.060714	0.485269	0.0000e+00
	7	15.646044	2.490145	0.401583	0.0000e+00
	8	19.533826	3.108905	0.321657	0.0000e+00
	9	20.434389	3.252234	0.307481	0.0000e+00
	10	20.816885	3.313110	0.301831	0.0000e+00
	11	41.401126	6.589194	0.151764	0.0000e+00
	12	50.259057	7.998977	0.125016	0.0000e+00
	13	50.259343	7.999023	0.125015	0.0000e+00
	14	50.260531	7.999212	0.125012	0.0000e+00
	15	75.673910	12.043877	0.083030	0.0000e+00
	16	76.703538	12.207747	0.081915	0.0000e+00
	17	80.605352	12.828740	0.077950	0.0000e+00
	18	94.695674	15.071285	0.066351	0.0000e+00
	19	114.054469	18.152333	0.055089	0.0000e+00
	20	134.802592	21.454499	0.046610	0.0000e+00
	21	164.923234	26.248348	0.038098	0.0000e+00
	22	181.671585	28.913931	0.034585	0.0000e+00
	23	223.155795	35.516348	0.028156	0.0000e+00
	24	283.211536	45.074516	0.022185	0.0000e+00
	25	376.544618	59.928937	0.016686	0.0000e+00

特征值模态 | 振型参与向量

图3-29 特征值模态

当$T \geqslant 0.8s$、$T_i = 2.268s$时，原设计加速度谱中S_{max}替换为S'_{max}，计算结果见表3-5。

修正后的加速度反应谱 表 3-5

T (s)	$S(0.05)(g)$	$S(\xi_{eq})(g)$	T (s)	$S(0.05)(g)$	$S(\xi_{eq})(g)$
0	0.195	0.195	3.9	0.0437	0.038727
0.1	0.4875	0.4875	4	0.0427	0.037841
0.2	0.4875	0.4875	4.1	0.0416	0.036866
0.3	0.4875	0.4875	4.2	0.0406	0.03598
0.35	0.4875	0.4875	4.3	0.0397	0.035183
0.4	0.4266	0.4266	4.4	0.0388	0.034385
0.5	0.3412	0.3412	4.5	0.0379	0.033587
0.6	0.2844	0.2844	4.6	0.0371	0.032878
0.7	0.2437	0.2437	4.7	0.0363	0.032169
0.8	0.2133	0.2133	4.8	0.0355	0.03146
0.9	0.1896	0.1896	4.9	0.0348	0.03084
1	0.1706	0.1706	5	0.0341	0.03022
1.1	0.1551	0.1551	5.1	0.0335	0.029688
1.2	0.1422	0.1422	5.2	0.0328	0.029068
1.3	0.1313	0.1313	5.3	0.0322	0.028536
1.4	0.1219	0.1219	5.4	0.0316	0.028004
1.5	0.1138	0.1138	5.5	0.031	0.027473
1.6	0.1066	0.1066	5.6	0.0305	0.027029
1.7	0.1004	0.1004	5.7	0.0299	0.026498
1.8	0.0948	0.0948	5.8	0.0294	0.026055
1.9	0.0898	0.0898	5.9	0.0289	0.025611
2	0.0853	0.0853	6	0.0284	0.025168
2.1	0.0813	0.0813	6.1	0.028	0.024814
2.2	0.0776	0.0776	6.2	0.0275	0.024371
2.3	0.0742	0.065757	6.3	0.0271	0.024016
2.4	0.0711	0.06301	6.4	0.0267	0.023662
2.5	0.0683	0.060528	6.5	0.0262	0.023219
2.6	0.0656	0.058135	6.6	0.0259	0.022953
2.7	0.0632	0.056009	6.7	0.0255	0.022598
2.8	0.0609	0.05397	6.8	0.0251	0.022244
2.9	0.0588	0.052109	6.9	0.0247	0.021889
3	0.0569	0.050425	7	0.0244	0.021624
3.1	0.055	0.048742	7.1	0.024	0.021269
3.2	0.0533	0.047235	7.2	0.0237	0.021003
3.3	0.0517	0.045817	7.3	0.0234	0.020737
3.4	0.0502	0.044488	7.4	0.0231	0.020471
3.5	0.0488	0.043247	7.5	0.0227	0.020117
3.6	0.0474	0.042006	7.6	0.0225	0.01994
3.7	0.0461	0.040854	7.7	0.0222	0.019674
3.8	0.0449	0.039791	7.8	0.0219	0.019408

续上表

T（s）	S（0.05）（g）	$S(\xi_{eq})$（g）	T（s）	S（0.05）（g）	$S(\xi_{eq})$（g）
7.9	0.0216	0.019142	9	0.019	0.016838
8	0.0213	0.018876	9.1	0.0187	0.016572
8.1	0.0211	0.018699	9.2	0.0185	0.016395
8.2	0.0208	0.018433	9.3	0.0183	0.016218
8.3	0.0206	0.018256	9.4	0.0182	0.016129
8.4	0.0203	0.01799	9.5	0.018	0.015952
8.5	0.0201	0.017813	9.6	0.0178	0.015775
8.6	0.0198	0.017547	9.7	0.0176	0.015597
8.7	0.0196	0.01737	9.8	0.0174	0.01542
8.8	0.0194	0.017192	9.9	0.0172	0.015243
8.9	0.0192	0.017015	10	0.0171	0.015154

注：1. S（0.05）-当等效阻尼比为 0.05 时的加速度。
  2. g 为重力加速度，$1g \approx 9.8 \text{m/s}^2$。

将 $S(\xi_{eq})$ 列数据复制粘贴至程序反应谱函数频谱数据列中（图 3-28），替换数值，并点击确定，就可以得到修正后的加速度反应谱函数，如图 3-30 所示。

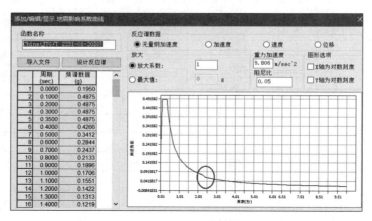

图 3-30　修正后的反应谱曲线

根据初始模型按多振型反应谱法抗震计算得到减隔震支座的位移 d_i 后，可以按《公路桥梁抗震设计规范》（JTG/T 2231-01—2020）计算减隔震支座的等效刚度。本项目采用的是高阻尼橡胶支座，第 i 个桥墩减隔震支座的等效刚度 $K_{eff,i}$ 按该规范式(10.3.3-1)或式(10.3.6-5)确定。采用计算得到的等效刚度替换初始模型中输入的减隔震支座的初始刚度修正计算模型。

$$K_{eff} = \frac{Q_d}{D_d} + K_d = \frac{83.619}{0.03664} + 2000 = 4282.18 \text{kN/m}$$

> 注：不同类型的减隔震支座 K_{eff} 计算的公式是不同的，要按对应的减隔震支座类型选择公式。

步骤 3：修改一般连接特性值（图 3-31）。点击 **"边界 > 一般连接 > 一般连接特性值 > 编辑"**。

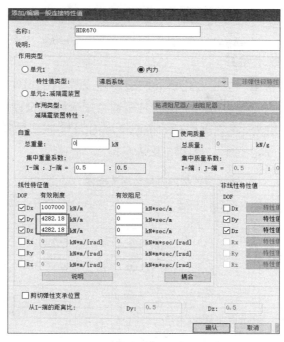

图 3-31　修改一般连接特性值

按新的支座刚度以及修正的加速度反应谱重新进行抗震计算，得到新的各支座位移，比较新的支座位移与上一次计算结果的误差值，误差在 3% 以内时结束分析。如误差不满足要求，则采用分析得到的新的位移，按第 2.2 节以及本节的方法，再次计算各减隔震支座刚度并修正加速度反应谱函数，重新运行分析求解新的支座位移，直到满足两次位移之差在 3% 以内为止。本实例模型迭代了四次之后达到了收敛标准，反应谱分析减隔震桥梁第四次迭代计算见表 3-6。

反应谱法分析减隔震桥梁第四次迭代计算表　　　　　　　　　　　表 3-6

顺桥向	0 号桥台	1 号墩	2 号墩	3 号墩	4 号桥台
$K_{p,i}$ (kN/m)	10000000	5792.065	5792.065	5792.065	10000000
d (m)	0.1164	0.1164	0.1164	0.1164	0.1164
$K_{d,i}$ (kN/m)	0	2000	2000	2000	0
$\Delta_{y,i}$ (m)	0.002	0.01669	0.01669	0.01669	0.002
$Q_{d,i}$ (kN)	21.798	83.619	83.619	83.619	23.960
α_i	0.00044	1.24850	1.24850	1.24850	0.00044
d_i (m)	0.11632	0.05175	0.05175	0.05175	0.11632
$d_{p,i}$ (m)	5.09×10^{-5}	0.0646	0.0646	0.0646	5.13×10^{-5}
$K_{eq,i}$ (kN/m)	4372.883	3216.092	3216.092	3216.092	4410.026
ξ_{eq}	0.072				
K_{eff} (kN/m)	187.398	3615.685	3615.685	3615.685	205.986
d_i' (m)	0.1155	0.0512	0.0512	0.0512	0.11545
误差率	0.75%	1.00%	1.00%	1.00%	0.75%

3 后处理

3.1 减隔震支座效果验算

采用减隔震设计的桥梁，按《公路桥梁抗震设计规范》（JTG/T 2231-01—2020）建议，宜同时对非减隔震桥梁进行抗震分析，检验是否适合用减隔震设计以及减隔震效果。现对比 E2 地震作用下，采用减隔震支座桥梁的桥墩墩底内力与非减隔震桥梁的桥墩墩底内力，非减隔震桥梁采用盆式固定支座，对比结果见表 3-7。

表 3-7 减隔震桥墩内力与普通支座内力对比

桥墩序号	高阻尼橡胶支座 F_z（kN）	盆式支座（固定）F_z（kN）	差异	高阻尼橡胶支座 M_y（kN·m）	盆式支座（固定）M_y（kN·m）	差异
桥墩一	448.1	535.9	19.6%	5968.7	7207.4	20.8%
桥墩二	447.6	535.4	19.6%	5976.3	7216.5	20.8%
桥墩三	448.1	536.9	19.8%	5965.8	7193.8	20.6%

注：表中的内力位置为墩底，采用恒载 + 地震力作用组合。

通过以上对比可以看出，当采用减隔震支座时，墩底内力与全部采用盆式固定支座相比减小了约 20%。

3.2 桥墩强度验算

《公路桥梁抗震设计规范》（JTG/T 2231-01—2020）第 10.4.2 条顺桥向和横桥向 E2 地震作用效应和永久作用效应组合后，应按《公路桥涵设计通用规范》（JTG 60—2015）相关规定验算桥墩的强度，抗震验算可采用材料强度标准值。以下验算内容以桥墩一顺桥向强度验算为例。

步骤 1：运行分析，进入后处理。点击"**分析 > 运行分析**"。点击"**设计 > CDN > 创建新项目**"，如图 3-32 所示。

步骤 2：CDN 中选择设计规范（图 3-33）。点击"**设计 > 设计规范**"。

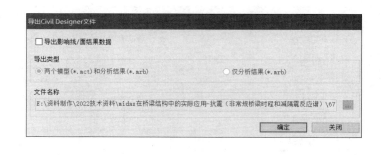

图 3-32 导入 CDN

图 3-33 选择设计规范

步骤 3：设置设计参数（图 3-34）。点击"**设计 > 设置**"。

步骤 4：定义构件（图 3-35）。点击"**设计 > 手动**"。

图 3-34 设置选项

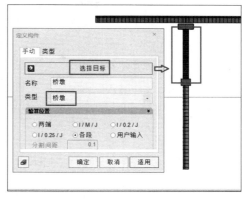

图 3-35 定义桥墩构件

注：验算选项中，可以只勾选想要验算的项目，其他项目可以不勾选。E2 采用材料的标准强度。故柱 P-M 验算材料强度时需要勾选标准值。

步骤 5：自动生成荷载组合（图 3-36）。点击"**设计 > 生成**"。

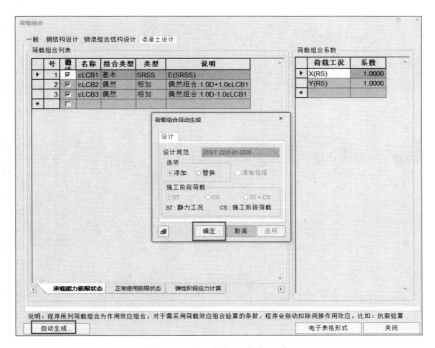

图 3-36 自动生成荷载组合

步骤 6：定义桥墩参数（图 3-37）。点击"**设计 > 参数**"。点击"**选择目标 > 模型窗口选择已定义的桥墩构件**"。

步骤 7：运行设计（图 3-38）。点击"**设计 > 运行**"。

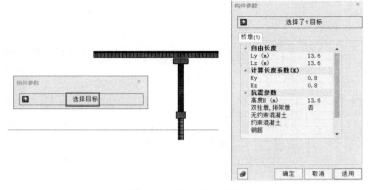

图 3-37 定义构件参数

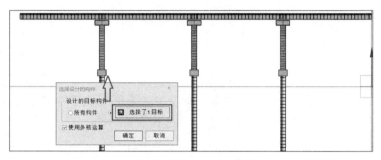

图 3-38 选择设计的构件运行设计

> 注：运行设计的时候可以只选择部分构件也可以全部构件同时运行，本实例主要计算桥墩强度，故运行时只选择了桥墩构件为目标运行设计。

步骤 8：查看结果（树形菜单，图 3-39）。点击"**结果 > RC 设计结果 > 桥墩强度验算**"。

图 3-39 树形菜单查看桥墩强度验算结果

通过查看结果表格，E2 地震作用下顺桥向桥墩强度验算通过。

3.3 减隔震支座验算

《公路桥梁抗震设计规范》（JTG/T 2231-01—2020）第 10.4.3 条列出了减隔震装置应进行的验算，由于本实例采用的是反应谱分析方法，所以部分条款是无法验算的，现验算减隔震支座的部分内容。

步骤 1：橡胶型减隔震设计位移下的竖向承载力验算。点击**“结果 > 结果表格 > 一般连接”**。

2 倍恒载和地震作用组合下减隔震支座的反力值如图 3-40 所示。高阻尼橡胶支座产生设计位移 47.74mm 时，支座橡胶层上下表面重叠部分的面积（图 3-41）即阴影部分面积为原面积的 0.909 倍。本项目减隔震支座的竖向承载力为 3878kN，产生 47.74mm 设计位移的情况下，其竖向承载力降低为 3525.1kN。1.2 倍恒载作用效应和地震作用效应之和最大值出现在 3 号桥墩，为 3091.55kN，小于竖向承载力降低后的 3525.1kN，故高阻尼橡胶支座在设计位移下的竖向承载能力满足要求。

号	荷载	节点	轴向 (kN)	剪力-y (kN)	剪力-z (kN)
5	1.2恒载+地震	139	-2936.84	271.91	189.71
5	1.2恒载+地震	130	-2936.84	271.91	189.71
6	1.2恒载+地震	133	-2936.84	271.39	189.71
6	1.2恒载+地震	129	-2936.84	271.39	189.71
7	1.2恒载+地震	166	-2931.93	250.90	190.01
7	1.2恒载+地震	157	-2931.93	250.90	190.01
8	1.2恒载+地震	160	-2931.93	250.40	190.01
8	1.2恒载+地震	156	-2931.93	250.40	190.01
9	1.2恒载+地震	288	-3091.55	245.65	189.59
9	1.2恒载+地震	279	-3091.55	245.65	189.59
10	1.2恒载+地震	282	-3091.55	245.12	189.59
10	1.2恒载+地震	278	-3091.55	245.12	189.59

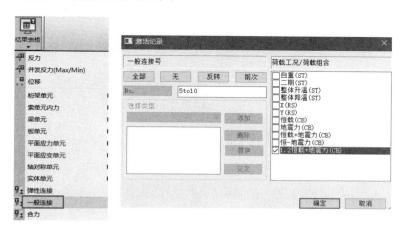

图 3-40　2 倍恒载和地震作用组合下减隔震支座的反力值

步骤 2：提取 E2 地震作用下减隔震支座反力（图 3-42）。点击**“结果 > 结果表格 > 一般连接”**。

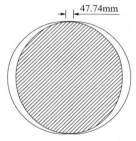

图 3-41　橡胶型减隔震支座变形后上下表面的重叠面积示意图

号	荷载	节点	轴向 (kN)	剪力-y (kN)	剪力-z (kN)	扭矩 (kN*m)	弯矩-y (kN*m)	弯矩-z (kN*m)
5	地震力	139	668.15	271.65	189.80	0.00	0.00	0.00
5	地震力	130	668.15	271.65	189.80	0.00	0.00	0.00
6	地震力	133	668.15	271.65	189.80	0.00	0.00	0.00
6	地震力	129	668.15	271.65	189.80	0.00	0.00	0.00
7	地震力	166	483.29	250.65	189.80	0.00	0.00	0.00
7	地震力	157	483.29	250.65	189.80	0.00	0.00	0.00
8	地震力	160	483.29	250.65	189.80	0.00	0.00	0.00
8	地震力	156	483.29	250.65	189.80	0.00	0.00	0.00
9	地震力	288	580.20	245.38	189.80	0.00	0.00	0.00
9	地震力	279	580.20	245.38	189.80	0.00	0.00	0.00
10	地震力	282	580.20	245.38	189.80	0.00	0.00	0.00
10	地震力	278	580.20	245.38	189.80	0.00	0.00	0.00

图 3-42　查看减隔震支座在地震作用下的反力

通过查看结果表格，在 E2 地震作用下，减隔震支座没有出现拉力。

步骤 3：计算 E2 地震作用下剪切应变。

按表 3-1 可以计算出橡胶层总厚度 $\sum t_r$，计算如下：

$$\sum t_r = \frac{X}{\gamma_e} = \frac{0.208}{2} = 0.104\text{m}$$

E2 地震作用下产生的剪切应变为：

$$\frac{0.04774}{0.104} \times 100\% = 45.9\% < 250\%$$

对于本实例的高阻尼橡胶支座，在 E2 地震作用下产生的剪切应变满足要求。

实例四
减隔震桥梁时程分析与验算

1 工程概况及建模要点

1.1 工程概况

本例（图 4-1）为 4×40m 简支变连续小箱梁桥，桥梁全宽 12.75m。上部结构由 4 片预制小箱梁组成，其中边梁全宽 3.25m、中梁全宽 3.15m，主梁高度 2m。

图 4-1 桥梁有限元模型

本桥下部结构采用桩柱式墩台，双柱式桥墩，墩直径 1.8m，基础采用钻孔灌注桩基础，桩径 2m，桩长 20m。桩顶设置一道 1.5m×1.8m 系梁。盖梁宽度为 2.1m，高度为 1.8m。各墩高度分别为：11.14m、11.66m、6.27m。全桥桥墩位置采用高阻尼橡胶支座，桥台位置采用四氟滑板支座。

本桥位于 8 度区，场地类别为Ⅱ类，基本地震动峰值加速度为 0.3g。

1.2 建模要点

本桥建模主要难点是模拟非线性边界，其中涉及四氟滑板支座、高阻尼橡胶支座。《公路桥梁抗震设计规范》（JTG/T 2231-01—2020）第 6.2.7 条给出了四氟滑板支座和普通橡胶支座的刚度计算方法。该规范第 10.3.3 条给出了高阻尼橡胶支座的恢复力模型。

（1）四氟滑板支座的初始刚度、普通板式橡胶支座的剪切刚度 k 为：

$$k = \frac{G_d A_r}{\sum t} \tag{4-1}$$

式中：G_d——板式橡胶支座的动剪切模量（kN/m²），一般取 1200kN/m²；

A_r——橡胶支座的剪切面积（m²）；

$\sum t$——橡胶层总厚度（m）。

（2）四氟滑板支座的临界滑动摩擦力：

$$F_{\max} = \mu_d R \tag{4-2}$$

式中：μ_d——滑动摩擦系数，一般取 0.02；

R——支座所承担的上部结构重力（kN）。

（3）高阻尼橡胶支座的滞回特性值可由产品规格表直接查得，本桥的特性值见表 4-1。

高阻尼橡胶支座性能表　　　表 4-1

规格型号	竖向设计承载力 P（kN）	设计位移 $X_0 = T_r$（mm）	容许位移 X_1（mm）	极限位移 X_2（mm）	屈服力 Q_y（kN）	一次刚度 K_1（kN/mm）	二次刚度 K_2（kN/mm）	竖向设计刚度 K_v（kN/mm）
HDR(I)-d670×266-G1.0	3787	80	20	280	171	12.37	1.9	1007

高阻尼橡胶支座和四氟滑板支座的恢复力模型如图 4-2、图 4-3 所示。

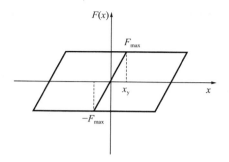

图 4-2　四氟滑板支座的恢复力模型

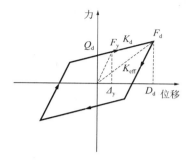

图 4-3　高阻尼橡胶支座的恢复力模型

F_{max}-四氟滑板支座的临界滑动摩擦力（kN）；
x_y-四氟滑板支座的临界水平位移（m）

Q_d-减隔震支座的特征强度（kN）；F_y-减隔震支座的屈服强度（kN）；Δ_y-减隔震支座的屈服位移（m）；K_d-减隔震支座的屈服后刚度（kN/m）；F_d-减隔震支座的水平设计力（kN）；D_d-减隔震支座的水平设计位移（m）；K_{eff}-减隔震支座的等效刚度（kN/m）

2　前处理——建立有限元静力模型

2.1　建立模型所需截面材料

（1）主梁截面

本桥主梁断面为四片小箱梁（图 4-4），静力计算应采用梁格模型，或者考虑横向分布系数的单梁模型。但在动力计算中可以采用简化方法，直接按全断面建立单梁模型。

图 4-4　主梁跨中断面

除此以外还需要注意简支变连续小箱梁自重荷载作用下是简支梁的状态，只有二期荷载才作用在连续梁体系中。模拟时可以采用墩顶设置连接单元的方法，但相对操作复杂。本实例采用释放梁端约束的方式近似模拟，操作简单，结果也可控。

步骤 1：启动截面特性计算器。点击"**工具 > 生成器 > 截面特性计算器**"。

步骤 2：设置单位体系（图 4-5），此处要与 CAD 文件选择相同的单位体系。

步骤 3：导入 CAD 文件（图 4-6）。点击"file > import > AutoCAD Dxf"。

步骤 4：生成并计算截面（图 4-7）。点击"Section > Generate"（左侧目录树而非菜单）。

图 4-5　设置 PSC 单位体系

步骤 5：导出 midas Civil 可以识别的文件（图 4-8）。点击"Section > export"（左侧

目录树而非菜单）。

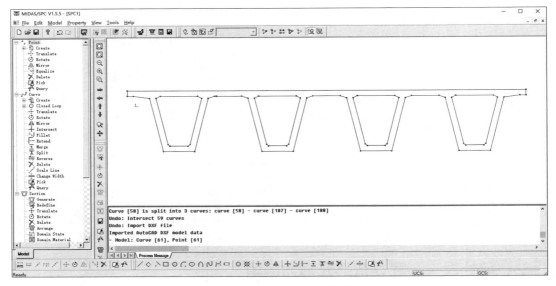

图 4-6 导入 AutoCAD 绘制截面

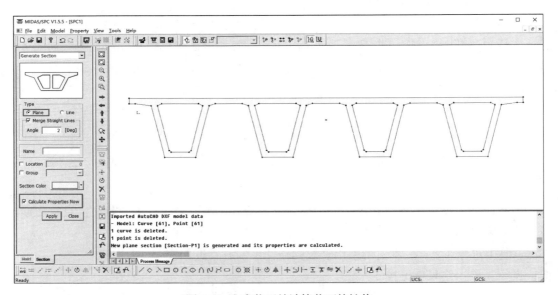

图 4-7 生成截面并计算截面特性值

> 注：此处操作是先框选右边模型窗口中的所有线条，勾选 "plane" 及 "Calculate Properties Now"，再点击 "Apply" 即可。此步骤中程序同时生成截面和计算截面特性值。

步骤 6：将生成截面文件导入 midas Civil（图 4-9）。点击 **"特性 > 截面 > 截面特性值 > 添加 > 数值 > 任意截面 > 导入 SEC 文件"**。

步骤 7：采用同样的方法导入梁端位置截面（图 4-10），并建立变截面（图 4-11）。点击 **"特性 > 截面 > 截面特性值 > 添加 > 变截面 > 任意截面"**。

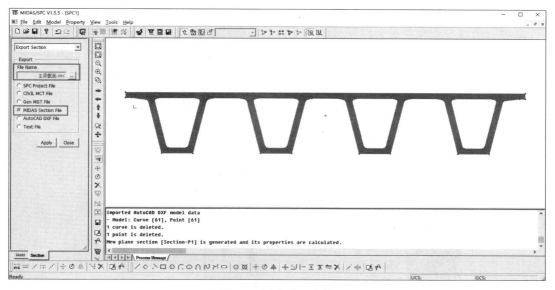

图 4-8 导出截面文件

注：首先选择导出文件的类型，midas Civil 可以识别的类型是 Section File。点击欲输出的截面任意部位，再点击"Apply"即可完成截面输出。

图 4-9 导入任意截面

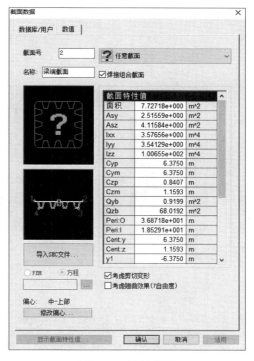

图 4-10 梁端截面

（2）建立盖梁、墩柱、系梁及桩基截面（图 4-12～图 4-15）

步骤：点击"**特性/截面 > 截面特性值 > 截面**"。

123

> 注：①桥墩和桩基础、系梁的截面一般都是矩形或者圆形截面，可选择"数据库/用户截面"中的相关截面类型即可。配筋不同而截面尺寸相同的截面应分开定义。
> ②盖梁截面如果选择P-M曲线验算，必须选择"数据库/用户截面"，本实例盖梁跨中为矩形截面，悬臂部分为变截面。

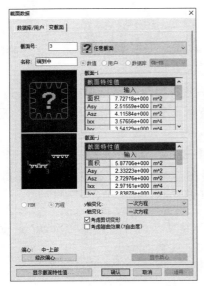

图 4-11　腹板变化截面

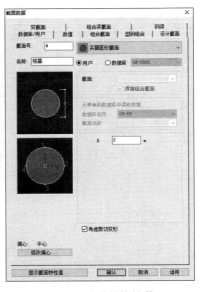

图 4-12　圆形墩柱桩截面

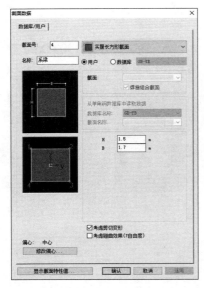

图 4-13　矩形系梁截面

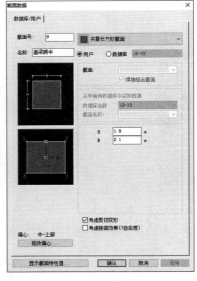

图 4-14　盖梁跨中

（3）材料定义

步骤：建立 C50、C40 及 C30 混凝土（图 4-16）。点击**"特性/截面 > 截面特性值 > 材料"**。

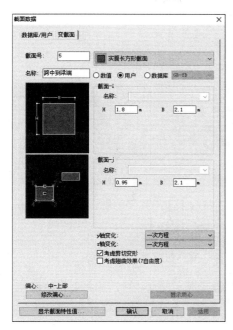 

图 4-15　盖梁变截面　　　　　图 4-16　定义材料

2.2　CAD 导入主梁及下部结构单元

（1）主梁单元建立

用多段线绘制主梁单元的 CAD 图形，线段分割点为截面变化位置及支座位置。CAD 中将各截面所处线段分为不同的图层，以便导入后 midas Civil 程序据此自动将主梁按图层分为不同的结构组。双击**"结构组"**即可选择对应单元为截面。

步骤 1：导入上部结构。点击**"文件/导入 > AUTOCAD dxf"**。

> 注：此处要保证 midas Civil 和 CAD 文件单位体系一致。

步骤 2：以拖拽形式给单元赋予截面和材料。导入模型后，双击自动分组的组名选择对应单元，选择树形菜单中的**"材料或截面"**拖拽至模型窗口予以赋值。

（2）下部结构建立

可采用节点复制的方法逐步建立下部结构，但相对效率较低。本实例采用 CAD 中绘制外形后导入到 midas Civil 的方法。绘制好的下部外形图如图 4-17 所示，其中支座位置绘制了辅助线，盖梁需要在墩顶，支座位置分段绘制为多段线。另外，图形应会绘制在 *YOZ* 平面内，坐标与 midas Civil 坐标匹配。且图形应根据构件部位分层，这样导入后程序会自动根据分层建立结构组，便于后续操作。

步骤1：导入下部结构（图4-18）。点击**"文件/导入 > AUTOCAD dxf"**。

> 注：此处要保证 CAD 文件和 midas Civil 单位体系一致。

步骤2：以拖拽形式给单元赋予截面和材料，删除支座辅助单元。

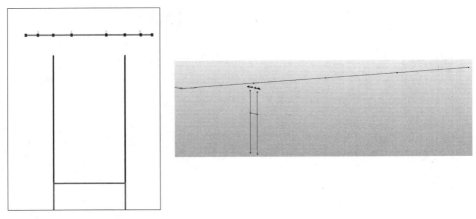

图4-17 下部结构外形图　　　　图4-18 导入桥墩 CAD 文件后

> 注：由于 CAD 不能导入孤点，支座绘制为短竖线，导入后可删除这些辅助线，只保留支座上节点。

步骤3：复制1号墩单元节点至2、3号墩位置（图4-19、图4-20）。点击**"节点/单元 > 单元 > 移动复制"**。复制距离选择**"任意间距，x方向，间距2@40"**。

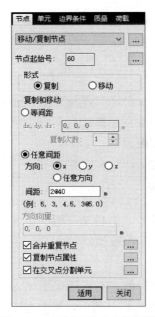
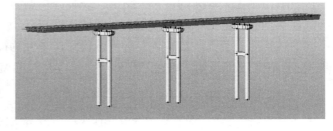

图4-19 复制后形成全部桥墩　　　　图4-20 复制后模型总览

步骤4：复制桩节点修改2、3号墩高（图4-21）。点击**"节点/单元 > 节点 > 移动复制"**。形式选择**"移动"**，复制距离选择**"任意间距，z方向"**，2号墩间距为−0.515m，3号墩间距为 4.874m。

步骤 5：细分主梁、桥墩、盖梁单元（图 4-22）。点击"**节点/单元 > 单元 > 分割**"。

跨中截面细分 5 份，墩身细分 10 份，盖梁所有单元细分 3 份，盖梁悬臂端如果细分单元需要单独建立变截面组。

图 4-21　复制拉伸墩高　　图 4-22　细分单元

> 注：可以将模型中较大单元细分，本实例主要是主梁和墩身单元，桩基础的单元长度与土质情况有关，可施加土弹簧时再细分。主梁不必划分过细，但桥墩不可分割过于稀疏，因为桥墩是抗震分析的主要构件。

步骤 6：复制桥墩支座节点得到桥台支座位置。点击"**节点/单元 > 节点 > 移动复制**"，选择 1 号墩顶 4 个支座上节点，任意间距 X：−39.42 得到 0 号台支座节点，采用同样的方法可以得到 4 号台支座节点。

步骤 7：复制桥台支座顶节点至底节点（图 4-23）。点击"**节点/单元 > 节点 > 移动复制**"，选择 1 号、4 号墩顶 8 个支座上节点，任意间距 Z：−0.35。

2.3　桩基础模拟及土弹簧边界条件

（1）桩基础模拟

桩基础采用弹性地基梁理论模拟，每层土根据其地基比例系数 m 值计算其对桩基础的约束，土层较厚的情况下可将其细分为多个弹簧。需要注意桩各节点为弹簧施加位置，为各代表所属土层的中心。抗震计算时 m 值取静力计算的 2~3 倍。

图 4-23　桥台支座上下节点位置

弹簧刚度的计算公式为：$K = m \times$ 埋深 $\times$ 桩计算宽度 $\times$ 代表土层厚度。

本实例 1 号墩位置土层情况见表 4-2。

土层情况表　　　　　　　　　　　　　　　　　　　　　表 4-2

土层编号	土层厚度（m）	m值	土层编号	土层厚度（m）	m值
1	2	8000	4	4	25000
2	5	12000	5	3	35000
3	3	20000	6	3	50000

具体计算土层厚度可设定最大厚度，例如本实例以 2m 作为最大土层厚度，大于 2m 的土层均分为小于 2m 的多层土。各层土的中心位置即为桩基础的节点坐标（表 4-3），表 4-3。根据分层厚度及相关参数可计算得到各层土弹簧的刚度见表 4-4。

桩基础坐标　　　　　　　　　　　　　　　　　　　　　表 4-3

节点号	Z（m）	节点号	Z（m）
1001	−15.293	1008	−26.293
1002	−16.293	1009	−28.293
1003	−18.1263	1010	−30.043
1004	−19.793	1011	−31.543
1005	−21.4597	1012	−33.043
1006	−23.043	1013	−34.543
1007	−24.543	1014	−35.293

桩基弹簧刚度　　　　　　　　　　　　　　　　　　　　表 4-4

节点	D_X（kN/m）	D_Y（kN/m）	节点	D_X（kN/m）	D_Y（kN/m）
1002	43200	40480	1008	1485000	1391500
1003	153000	143366.7	1009	1755000	1644500
1004	243000	227700	1010	2090813	1959169
1005	333000	312033.3	1011	2303438	2158406
1006	627750	588225	1012	3594375	3368063
1007	749250	702075	1013	3898125	3652688

基于上述计算结果可进行桩基础的模拟。总体思路是：①首先根据节点数量计算单元数量；②然后将模型中的桩基单元分割为此数量；③为了方便后续操作可重编节点的编号，之后修改节点坐标；④最后在节点位置施加节点弹性支承。施加点弹簧可分两步进行，第一步统一施加一个固定值的支承，然后在表格中统一修改为真实的约束刚度。

步骤 1：分割单元至计算数量。点击"**节点/单元 > 单元 > 分割**"，分割数量为 13。

> 注：可同时选择 1 号墩两根桩。

步骤 2：重编单元节点号（图 4-24）。点击"**节点/单元 > 单元 > 重编单元号**"。重新编号对象选择"**单元和节点**"，新起始号填写"**单元 1001**"，节点号填写"**1001**"，排序为 −Z、X、Y。

> 注：单元号应便于识别，两个桥墩可赋予不同的编号，例如左侧为 1001，右侧为 1101。

步骤 3：修改节点坐标（图 4-25）。点击"**节点/单元 > 节点 > 节点表格**"，将表 4-3 中的坐标值复制粘贴进节点表格。

注：在模型窗口中选择单元后，节点表格会自动亮显对应值。

图 4-24　重编单元节点号　　图 4-25　修改后桩节点坐标

（2）给桩施加边界条件

步骤1：桩底固接（图4-26）。点击**"边界/边界 > 一般支承"**。约束所有自由度，选择桩底节点适用，可同步建立边界组**"全桥边界"**。

步骤2：桩身添加土弹簧（图4-27）。点击**"边界/弹性支承 > 节点弹性支承"**。选择上一步骤建立的边界组，刚度SD_x和SD_y可暂时输入"1000"。

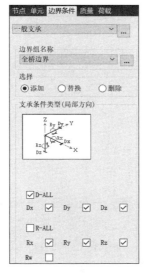 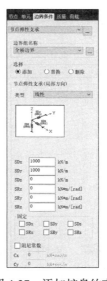

图 4-26　添加桩底约束　　图 4-27　添加桩身约束

步骤3：以表格形式修改桩身刚度。点击"**边界/表格 > 边界表格 > 节点弹性支承**"。Excel中将表4-4中的桩基础刚度值复制粘贴进对应位置，如图4-28所示。

步骤4：根据同样的方法及其余桩基础位置的土质情况，可建立2号、3号桥墩处的桩基础及其边界条件。

2.4 建立其余边界条件

（1）建立主梁与支座上节点连接及桥台支座底部节点约束

步骤1：建立主梁与支座上节点连接。点击"**边界/连接 > 刚性连接**"。

图4-28 修改节点弹性支承刚度值

选择"**全桥边界**"，主节点选择主梁节点，模型窗口中选择支座上节点，类型选择"**刚体**"，约束所有自由度，复制刚性连接，方向选择"**x**"，间距填写"**39.42，2@40，39.42**"，如图4-29所示。

步骤2：建立桥台底部节点固接约束（图4-30）。点击"**边界/边界 > 一般支承**"。选择"**全桥边界**"，约束所有方向的刚度，选择桥台支座下节点。

图4-29 修改节点弹性支承刚度值　　图4-30 桥台支座下节点固定约束

（2）建立滑板支座及高阻尼橡胶支座特性值

步骤1：建立滑板支座边界。点击"**边界/连接 > 一般连接 > 一般连接特性值**"。名称处填入"**桥台-左**"，作用类型选择"**内力**"，特性值类型选择"**滞后系统**"，有效刚度D_x、D_y、D_z分别填入"**5000、2330、2330**"，如图4-31所示。非线性特性值D_y与D_z一致，如图4-32所示。

步骤2：建立高阻尼橡胶支座边界。点击"**边界/连接 > 一般连接 > 一般连接特性值**"。名称处输入"**1号墩**"，作用类型选择"**内力**"，特性值类型选择"**滞后系统**"，有效刚度D_x、

D_y、D_z分别输入"100700、12371、12371",如图 4-33 所示。非线性特性值D_y与D_z一致,如图 4-34 所示。

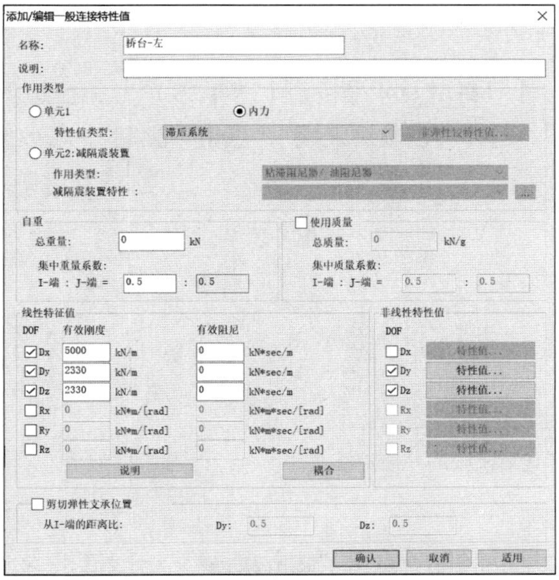

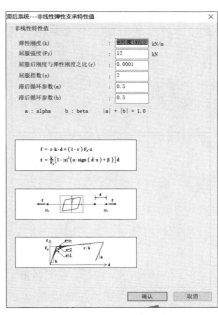

图 4-31　桥台支座有效刚度

图 4-32　桥台支座非线性特性

注:支座的有效刚度与计算位移直接相关,即与荷载的大小有关。本实例后续会给出通过迭代得到有效刚度的计算方法,此处可暂时输入屈服前刚度。

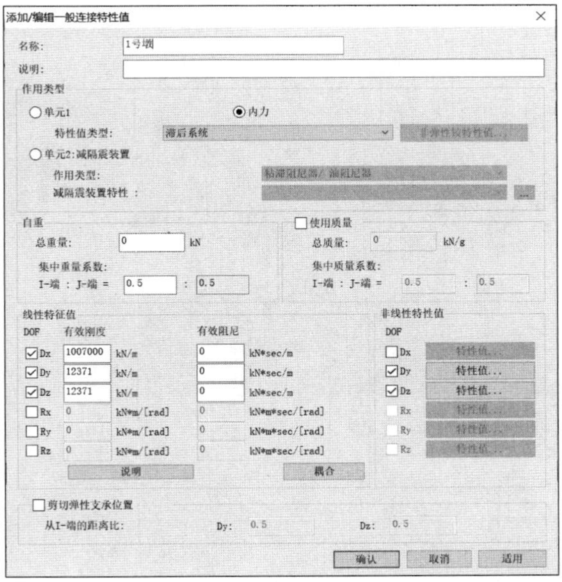

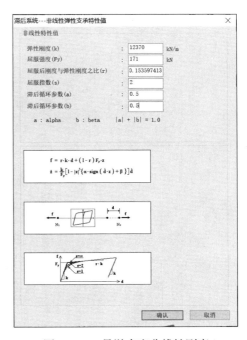

图 4-33　1 号墩支座有效刚度

图 4-34　1 号墩支座非线性刚度

> 注：高阻尼橡胶支座的恢复力曲线依然是双线性模型，故仍可以采用滞后系统模拟。有效刚度仍暂时输入屈服前刚度。非线性特性值在规格表中可以得到。另外需要特别注意一般支座的规格表中还会给出一个有效刚度的值，但此有效刚度多为达到某一特定剪切变形下的有效刚度，与支座地震力作用下的实际刚度不同。

步骤 3：通过复制的方法可以建立 2 号、3 号桥墩及 4 号桥台（图 4-35）。点击 **"边界/连接 > 一般连接 > 一般连接特性值 > 复制"**。选择 **"被复制连接"**，点击 **"复制"**，修改复制得到的边界条件的名称。

图 4-35　复制得到其余桥墩的一般连接

（3）建立滑板支座及高阻尼橡胶支座连接

步骤 1：建立 0 号台滑板支座（图 4-36、图 4-37）。点击 **"边界/连接 > 一般连接 > 一般连接"**。边界组选择 **"全桥边界"**，一般连接特性值选择 **"桥台-左"**，分四次点选 0 号台支座上下节点。

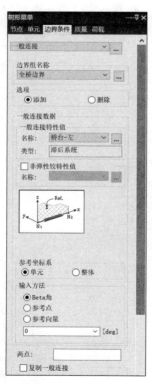 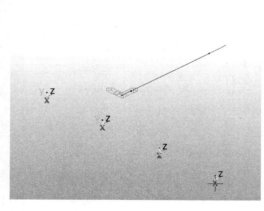

图 4-36　建立 0 号台支座　　　　图 4-37　0 号台支座

步骤 2：建立其余墩台位置支座，方法与上述方法一致。

> 注：0号台和4号台采用同样滑板支座，1号、2号、3号桥墩均采用同样型号的高阻尼橡胶支座，为何还要分别建立一般连接特性值，而不用同样的特性值？其原因主要是考虑迭代有效刚度时，不同的桥墩可能值不同。

（4）建立桥墩与盖梁连接及释放墩顶主梁的梁端约束

步骤 1：建立桥墩与盖梁连接（图 4-38）。点击**"边界/连接 > 刚性连接"**。边界组选择**"全桥边界"**，主节点选择桥墩顶节点（点选），选择盖梁对应节点，类型选择**"刚体"**，勾选**"复制刚性连接，x 方向"**，间距为 2@40m。

步骤 2：释放墩顶主梁的梁端约束（图 4-39）。点击**"边界/释放/偏心 > 释放梁端约束"**。边界组处新建释放梁端约束边界组，释放 i 节点 M_y 约束，选择墩顶右侧单元。

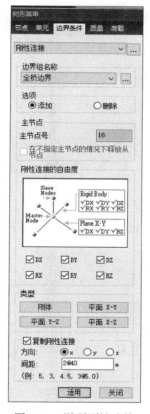

图 4-38 墩顶刚性连接

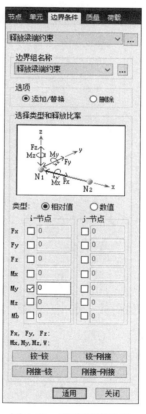

图 4-39 释放梁端约束

2.5 施加静力荷载及建立施工阶段

（1）建立静力荷载工况。

步骤：点击**"荷载/建立荷载工况 > 静力荷载工况"**。

（2）分别添加三个荷载工况："自重""铺装""护栏"，荷载工况类型为"施工阶段荷载（CS）"，施加静力荷载。

步骤 1：施加自重荷载（图 4-40）。点击**"荷载 > 荷载类型 > 静力荷载"**。点击**"荷载 >**

结构荷载/质量 > 自重。荷载工况名称为"**自重**",荷载组名称为"**新建荷载组自重**",自重系数填写"**Z:−1.04**"。

> 注:荷载工况与荷载组也可以施加的过程中随用随建,不一定必须在施加前全部建好。

步骤2:施加铺装荷载(图4-41)。点击"**荷载 > 荷载类型 > 静力荷载**"。点击"**荷载 > 梁荷载/单元**"。荷载工况名称为"**铺装**",荷载组名称为"**新建荷载组二期**",数值选择"**相对值**",x_1、x_2、w分别输入"0、1、58.75"。

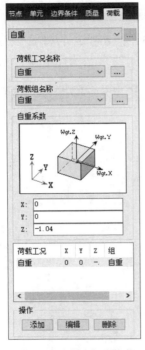

图4-40 添加自重荷载

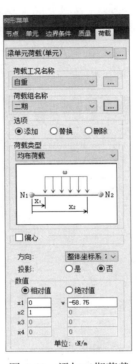

图4-41 添加二期荷载

步骤3:施加铺装荷载。点击"**荷载 > 荷载类型 > 静力荷载**"。点击"**荷载 > 梁荷载/单元**"。荷载工况名称为"**栏杆**",荷载组名称为"**新建荷载组二期**",数值选择"**相对值**",x_1、x_2、w分别输入"0、1、−20"。

(3)建立施工阶段。

步骤:定义施工阶段(图4-42)。点击"**荷载 > 荷载类型 > 施工阶段**"。点击"**荷载 > 施工阶段数据 > 定义施工阶段**"。

施工阶段名称输入"**简支架设主梁**"。新建结构组"**全桥结构**",全选所有单元,拖拽赋值,

图4-42 定义施工阶段

激活单元。选择"**全桥边界**",释放梁端约束,激活边界。荷载选择"**自重**"。同样方式定义施工阶段二。施工阶段名称输入"**简支变连续并加二期**",钝化边界选择"**释放梁端约束**",荷载为二期。

> 注：建立施工阶段后应及时检查模型，尤其对于单元、边界、荷载较多的模型，很容易在建立施工阶段时有所遗漏或额外增加。最简单直接的检查方式为观察目录树的变化，选择不同的施工阶段，单元数量、边界类型和数量以及荷载数量都会随之改变。观察这些数量的改变是否与预期一致，可以很好地判断施工阶段是否正确建立。一般意外情况有两种：①组的定义不对；②施工阶段定义的不恰当。

2.6 计算结构周期频率

步骤1：二期荷载转换质量（图4-43）。点击"**荷载 > 荷载类型 > 静力荷载**"。点击"**荷载 > 结构荷载/质量 > 荷载转化为质量**"。质量方向选择"**X、Y、Z**"，荷载工况选择"**铺装、护栏**"。

步骤2：自重转换质量（图4-44）。点击"**结构 > 类型 > 结构类型**"。勾选"**将自重转换为质量**""**转换为 X，Y，Z**"，如图4-44所示。

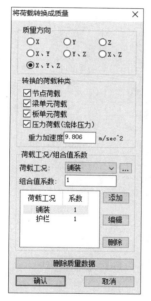 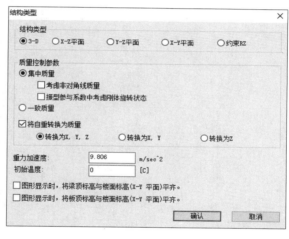

图 4-43 二期转换质量　　　　图 4-44 自重转换为质量

步骤3：定义特征值分析控制（图4-45）。点击"**分析 > 特征值**"。选择"**多重 Ritz 向量法**"，初始荷载工况选择"**地面加速度X**"，初始向量数量选择"**30**"。采用同样的方法添加地面加速度Y向30阶。

步骤4：查看周期频率（图4-46）。点击"**分析 > 运行 > 运行分析**"。点击"**结果 > 表格 > 结果表格 > 周期与振型**"。

> 注：通过查看振型表格可以得到本桥目前支座刚度下的顺桥向和横桥向主振型及高阶贡献较大振型。可以通过振型方向因子判断振型方向，可以近似通过观察振型参与质量判断振型贡献大小。

本例X方向主振型和高阶振型的频率分别为0.655Hz、4.0Hz，Y方向主振型和高阶振型的频率分别为0.9Hz、7.5Hz。

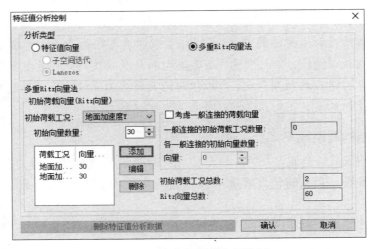

图 4-45　定义特征值分析控制

模态号	频率		周期
	(rad/sec)	(cycle/sec)	(sec)
1	4.109330	0.654020	1.529005
2	5.247616	0.835184	1.197341
3	5.659355	0.900714	1.110230
4	7.995465	1.272518	0.785844
5	8.299019	1.320830	0.757100
6	10.630389	1.691879	0.591059
7	15.371772	2.446494	0.408748
8	19.937619	3.173171	0.315142
9	20.313596	3.233009	0.309309
10	20.864384	3.320670	0.301144
11	24.053090	3.828168	0.261222
12	24.711399	3.932941	0.254263
13	25.363489	4.036725	0.247726
14	26.473467	4.213383	0.237339
15	27.985883	4.454092	0.224513
16	29.182475	4.644535	0.215307
17	36.677714	5.837439	0.171308
18	37.158307	5.913928	0.169092
19	39.047799	6.214650	0.160910
20	43.705425	6.955934	0.143762
21	47.312657	7.530043	0.132801

图 4-46　特征值分析结果

3　前处理——施加动力荷载

3.1　拟合地震波

（1）地震安全性评价的要求及人工拟合动力荷载标准

根据《公路桥梁抗震设计规范》（JTG/T 2231-01—2020）第 5.1.4 条，A 类桥梁、抗震设防烈度为Ⅸ度地区的 B 类桥梁，应根据专门的工程场地地震安全性评价确定地震作用。抗震设防烈度为Ⅷ度地区的 B 类桥梁，宜根据专门的工程场地地震安全性评价确定地震作用。

根据该规范第 5.3.2 条，未做地震安全性评价的桥梁工程场地，可根据该规范设计加速度反应谱，合成与其匹配的设计加速度时程；也可选用与设定地震震级、距离大体相近的实际地震动加速度记录，通过调整使其反应谱与该规范设计加速度反应谱匹配，每个周期值对应的反应谱幅值的相对误差应小于5%或绝对误差应小于0.01g。

根据该规范第5.3.3条，设计加速度时程不应少于三组，且应保证任意两组间同方向时程由该规范式(5.3.3)定义的相关系数ρ的绝对值小于0.1。

$$|\rho| = \left| \frac{\sum_j a_{1j} \cdot a_{2j}}{\sqrt{\sum_j a_{1j}^2} \cdot \sqrt{\sum_j a_{2j}^2}} \right| \tag{4-3}$$

式中：a_{1j}、a_{2j}——分别为时程a_1与a_2第j点的值。

限于篇幅，仅计算一条地震波的纵桥向及横桥向效应。实际工程中需计算3组（条）或7组（条）地震波，其中3组（条）波时取计算结果最大值，7组（条）时取平均值。并且要保证各组波之间的相关系数满足《公路桥梁抗震设计规范》（JTG/T 2231-01—2020）第5.3.3条的要求。

（2）根据地勘及地震区划图确定反应谱值

步骤：定义反应谱值（图4-47、图4-48）。点击"**工具 > 生成器 > 数据生成器 > 人工地震**"，打开地震波生成器工具后，点击"**文件 > 新建**"、"**模型 > 人工地震波生成器**"，选择添加后打开"**添加/修改人工波窗口**"，点击"**设计谱**"按钮，选择规范"china（JTG/T B02-01—2008）"，根据工程概况所述情况填选。

> 注：由于目前版本还不支持《公路桥梁抗震设计规范》（JTG/T 2231-01—2020），仅支持《公路桥梁抗震设计细则》（JTG/T 2231-01—2008），其与新规范存在差异，需要对S_{max}值进行调整。可在midas Civil中选择新规范得到相应的值再调整生成器中的匹配值，鉴于其S_{max}值不能直接修改，可修改CS值，其修改值为2.5/2.25 = 1.11111。

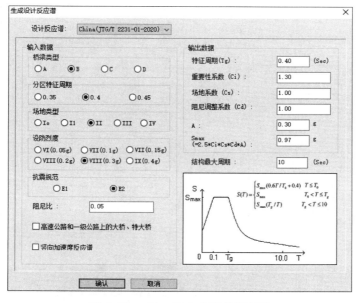

图4-47 midas Civil中定义反应谱

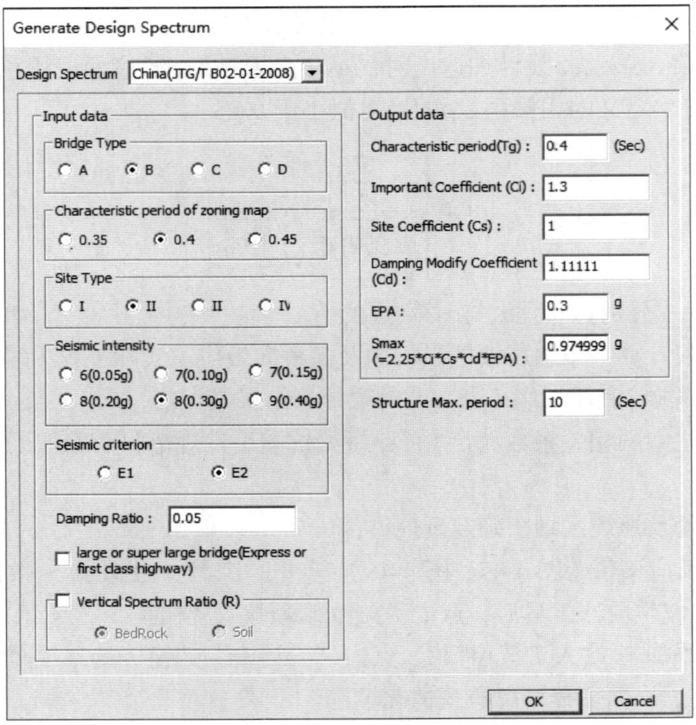

图 4-48 地震波生成器中定义反应谱

(3) 设置生成地震波相关参数

上升时间输入 "3",水平时间输入 "15",总时间输入 "20",最大迭代次数输入 "50",最大加速度输入 "0.388",阻尼比输入 "0.05",如图 4-49 所示。地震波生成器得到的时程曲线如图 4-50 所示。

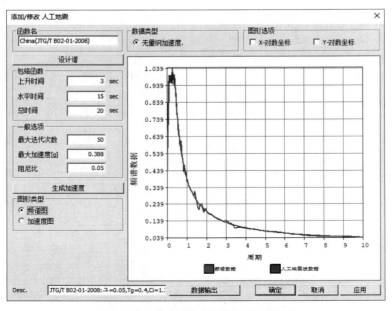

图 4-49 地震波生成器得到的反应谱

> 注：①上升时间为地震波起点到最大值所需时间；②水平时间为持续震荡的时间；③总时间为地震波时长；④最大迭代次数为拟合地震波时迭代的最大次数；⑤最大加速度：为面加速度的最大值；⑥阻尼比为结构的阻尼比。

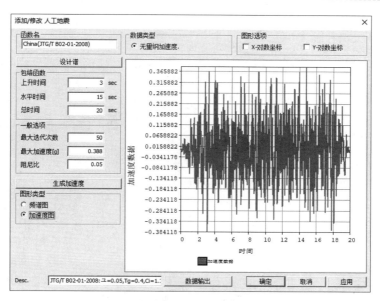

图 4-50 地震波生成器得到的时程曲线

> 注：地震波生成器的原理是利用设计谱生成地震波。理论上可以生成多条地震波。每一条生成的地震波又可以反算一条反应谱值。此反应谱与抗震规范中的设计谱应满足上文《公路桥梁抗震设计规范》（JTG/T 2231-01—2020）第 5.3.2 条的要求。由于本文仅为演示计算方法，故不专门撰文比较。

（4）生成地震波并输出数据

点击"**生成加速度**"按钮，查看生成地震波反应谱与设计谱的相似度，如差异较大可再次点击。选择"**加速度图**"选项，点击"**数据输出**"，保存数据文件。

3.2 桥墩刚度折减

根据《公路桥梁抗震设计规范》（JTG/T 2231-01—2020）第 9.3.3 条，地震反应分析时，采用的计算模型必须真实模拟桥梁结构的刚度和质量分布及边界连接条件，并应满足以下要求：

（1）E1 地震作用下，墩柱截面抗弯刚度应采用全截面刚度。

（2）E2 地震作用下，墩柱截面抗弯刚度可采用开裂刚度，开裂刚度可取 0.8 倍全截面刚度，如边墩已进入塑性工作状态，则应选用适当的弹塑性单元来模拟。

步骤：对桥墩刚度进行折减（图 4-51）。点击"**特性 > 截面 > 截面特性管理器 > 刚度**"。目标截面和单元选择桥墩下任意单元，调整系数$(I, J) I_{yy}$、I_{zz}均输入"0.8"，之后点击"**添加**"。

3.3 施加地震时程荷载

步骤 1：定义时程函数（图 4-52）。点击"**荷载 > 时程分析数据 > 时程函数**"。添加时程函数，添加编辑显示时程函数窗口点击"**导入**"，选择上文保存的地震波数据，同时将说明中的文字缩短（不然程序会提示保存数据过长）。

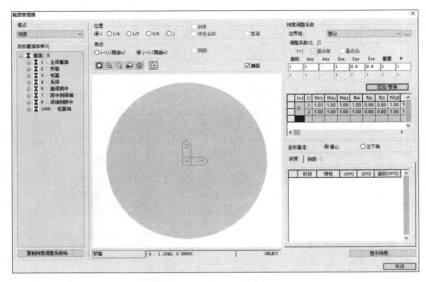

图 4-51　桥墩刚度折减

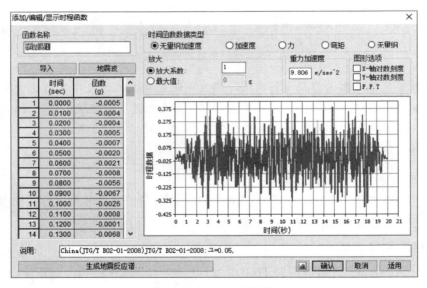

图 4-52　定义时程函数

步骤 2：定义时程荷载工况（图 4-53、图 4-54）。点击"**荷载 > 荷载类型 > 地震作用**"。点击"**荷载 > 时程分析数据 > 荷载工况**"。

添加后打开"**添加/编辑荷载工况**"窗口，名称处输入"**纵向地震波 1**"，分析类型选择"**非线性**"，分析方法选择"**直接积分法**"，分析时间输入"**20**"，按加载顺序进入勾选"**接续前次**"，荷载工况选择"**施工合计**"，阻尼选择"**质量和刚度因子**""**从模型阻尼中计算**"，频率输入"**0.66Hz**"和"**0.45Hz**"（支座的线性刚度需要根据荷载位移曲线迭代试算得到最终值，此处应为迭代试算后的最终支座刚度值计算所得的频率），阻尼比输入"**0.05**"，点选"**迭代控制**"，不勾选"**允许不收敛**"，最大迭代次数为 1×10^8。采用同样的方法定义 Y

方向地震荷载工况，注意将频率修改为Y向值。

> 注：此处修改最大迭代次数是为了在运行过程中观察是否存在不收敛的情况。如果不收敛，程序会不断地迭代下去，直至达到 1×10^8 次。当发现信息窗口提示的迭代次数不断增加，而运行步骤没有增加，说明模型不收敛，应予以调整，直至收敛。

图 4-53　顺桥向荷载工况　　　　图 4-54　横桥向荷载工况

步骤 3：施加地面加速度（图 4-55、图 4-56）。点击"**荷载 > 荷载类型 > 地震作用**"。点击"**荷载 > 时程分析数据 > 地面**"。打开"**地面加速度**"窗口，时程荷载工况名称选择"**纵向地震波 1**"，X方向时程分析函数中函数名称选择"**地震波 1**"：，点击"**添加**"；时程荷载工况名称选择"**横向地震波 1**"，Y方向时程分析函数中函数名称选择"**地震波 1**"，点击"**添加**"。

3.4　迭代求解支座有效刚度

步骤 1：求解支座的有效刚度。点击"**分析 > 运行 > 运行分析**"。点击"**结果 > 时程 > 时程图表文本 > 时程图表 > 一般连接图表**"。

时程结果图表选择"**一般连接**"，选择连接号 2、6、10、14、18，成分选择"**Fz-Dz**"，时程荷载工况选择"**纵向地震波 1**"，点击"**添加**"按钮。选择函数中选择含有"G2"字符的选项,点击右侧"图表"按钮,根据显示的图形可以查看其形状与恢复力模型是否一致,如图 4-57 所示。"G2"支座的有效刚度为图形显示的最大力与最大位移的比值。采用同样的方法可得到其余支座的有效刚度,其计算结果见表 4-5。

图 4-55　顺桥向地面加速度　　图 4-56　横桥向地面加速度

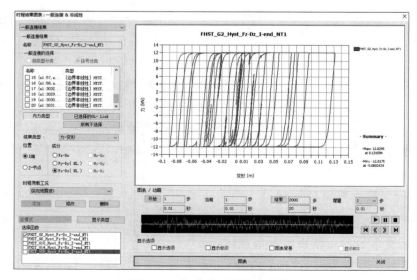

图 4-57　查看支座恢复力曲线

第一次计算支座有效刚度 表4-5

支座位置	0	1	2	3	4
初始刚度（kN/m）	2330	12371	12371	12371	2330
剪力（kN）	12	283	274	355	12
位移（m）	0.129	0.0727	0.0681	0.1108	0.13
反算有效刚度（kN/m）	93	3893	4023	3204	92

步骤2：修改支座有效刚度（图4-58）。点选树形菜单中的**"一般连接特性值"**，右键选择**"特性"**，打开**"添加/编辑一般连接特性值"**，将D_z方向有效刚度修改为表4-5中的反算刚度。

步骤3：计算新的结构频率及修改荷载工况中的频率（图4-59）。点击**"分析 > 运行 > 运行分析"**。点击**"结果 > 表格 > 结果表格 > 周期与振型"**。查看X向主频率及贡献较大阶频率，修改纵向地震波1荷载工况中的阻尼计算中的频率值。

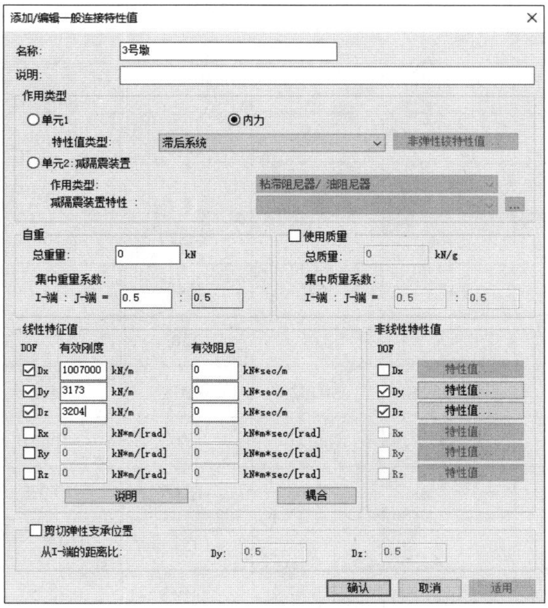

图4-58 修改有效刚度 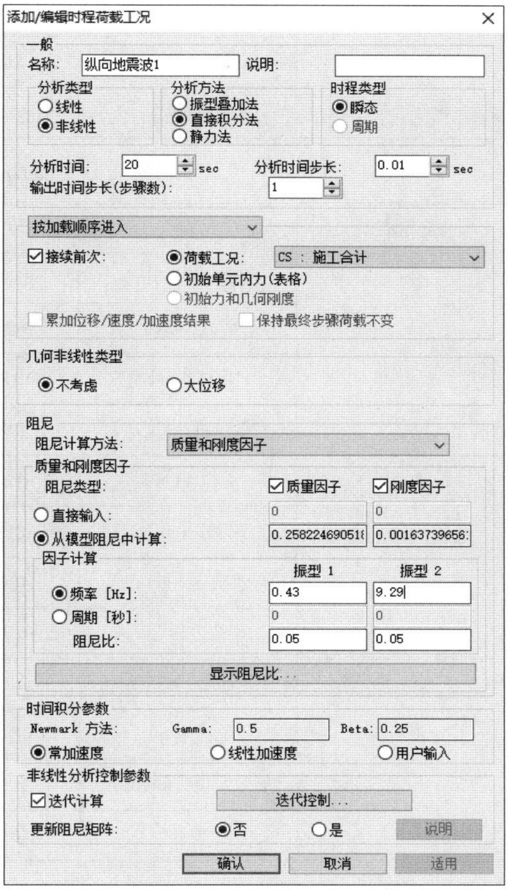　　　　图4-59 修改频率

步骤4：重复步骤1~3，往复迭代，最终保证两次有效刚度差值不大，迭代结果见表4-6、表4-7。

顺桥向迭代结果   表 4-6

迭代次数	内容	0	1	2	3	4
1	刚度 1（kN/m）	2330	12371	12371	12371	2330
	剪力（kN）	12	283	274	355	12
	位移（m）	0.129	0.0727	0.0681	0.1108	0.13
	有效刚度（kN/m）	93	3893	4023	3204	92
2	剪力（kN）	12	293	285	374	12
	位移（m）	0.138	0.084	0.074	0.121	0.138
	有效刚度（kN/m）	87	3488	3851	3091	87
	差异	−6.5%	−10.4%	−4.3%	−3.5%	−5.8%
3	剪力（kN）	12	293	286	374	12
	位移（m）	0.139	0.0848	0.0741	0.1209	0.1385
	有效刚度（kN/m）	86	3455	3860	3093	87
	差异	−0.7%	−0.9%	0.2%	0.1%	−0.4%

横桥向迭代结果   表 4-7

迭代次数	内容	0	1	2	3	4
1	刚度 1（kN/m）	2330	12371	12371	12371	2330
	剪力（kN）	12	298	294	312	12
	位移（m）	0.112	0.086	0.08	0.0879	0.108
	有效刚度（kN/m）	107	3465	3675	3549	111
2	剪力（kN）	12	319	315	330	12
	位移（m）	0.12	0.0954	0.0902	0.104	0.12
	有效刚度（kN/m）	100	3344	3492	3173	100
	差异	−6.7%	−3.5%	−5.0%	−10.6%	−10.0%
3	剪力（kN）	12	320	316	331	12
	位移（m）	0.12	0.0957	0.0906	0.1048	0.1205
	有效刚度（kN/m）	100	3344	3488	3158	100
	差异	0.0%	0.0%	−0.1%	−0.5%	−0.4%

4 后处理——桥墩强度验算

4.1 桥墩强度验算

根据《公路桥梁抗震设计规范》（JTG/T 2231-01—2020）第 10.4.2 条，顺桥向和横桥向 E2 地震作用效应和永久作用效应组合后，应按现行公路桥涵设计规范相关规定验算桥墩、桥台、基础的强度，抗震验算可采用材料强度标准值。

（1）利用 Civil Designer 绘制桥墩 P-M 曲线

步骤 1：墩柱配筋（图 4-60）。点击 **"分析 > 运行 > 运行分析"**。点击 **"设计 > Civil Designer > CDN > 创建新项目"**。

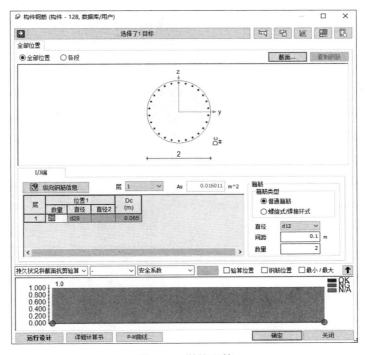

图 4-60 墩柱配筋

弹出对话框 **"到处 Civil Designer 文件"**，点击 **"确定"**，程序自动打开 Civil Designer 程序并导入模型及结果数据。模型窗口单击选中某墩柱构件，右键选择 **"显示/隐藏 > 仅显示"**，其余构件将被钝化，模型窗口仅显示一段墩柱，双击墩柱打开构件钢筋窗口，配筋情况中数量输入 26，直径输入 28，Dc 输入 0.065，点击 **"确认"** 按钮。

步骤 2：设置材料强度取值（图 4-61）。点击 **"设计 > 规范：JTG 3362—2018"**。点击 **"设计 > 规范 > 设置：柱P-M强度验算"**。材料强度选用 **"标准值"**。

步骤 3：计算配筋墩柱 P-M 曲线（图 4-62、图 4-63）。点击 **"工具 > 相关曲线 > P-M曲线"**。选择相关配筋墩柱段，点击 **"计算"** 得到 P-M 曲线。

（2）修改局部坐标轴及重编单元号

步骤 1：为了便于提取数据，对各墩顶、底单元号排序（图 4-64）。点击 **"节点/单元 > 单元 > 重编单元号"**。新起始号单元输入 1001，顺序为 Y X Z，模型窗口选择 1 号墩两个墩柱的顶、底共 4 个单元，点击 **"适用"**。采用同样的方法对 2 号墩和 3 号墩的顶、底单元重新排号。

步骤 2：为了便于提取数据，修改单元局部坐标轴，保证 i 端为墩柱顶底。点击 **"节点/单元 > 单元 > 修改参数"**。参数类型选择 **"反转单元坐标轴"**，选择墩底单元，点击 **"适用"完成修改,如图4-65所示。

图4-61 材料强度设置

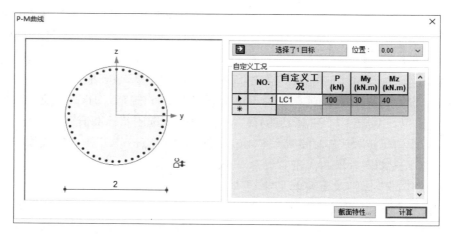

图4-62 计算P-M曲线

(3)提取桥墩地震作用下的并发内力极值

步骤:输出时程并发文本结果(图4-66、图4-67)。点击"结果/时程 > 时程图表/文本 > 时程文本"。选择"单元分析结果",结果类型选择"内力",输出方式选择"同时截

面内力",选择墩底单元(纵向计算)、墩顶、底单元(横向计算),时程荷载工况选择**"纵向地震波 1"**或**"横向地震波 1"**,点击**"适用"**保存结果文件。

> 注:对于纵向地震波,桥墩只需验算墩底单元。反之,计算横向地震波效应时,由于本桥的桥墩为双柱带盖梁桥墩,桥墩的顶底都存在较大内力,故需要分别验算。

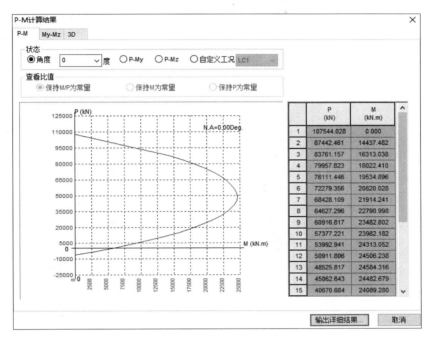

图 4-63 配筋截面 P-M 曲线

 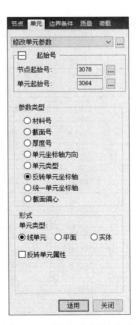

图 4-64 重编单元号   图 4-65 调整坐标轴方向

图 4-66 输出并发内力

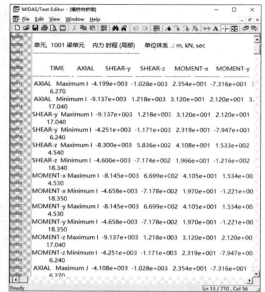

图 4-67 并发内力结果文件

（4）结合 P-M 曲线验算桥墩强度

> 注：P-M 曲线是描述桥墩强度的曲线，验算时可根据每组并发内力的轴力值得到 P-M 曲线对应的弯矩值，此弯矩可作为其承载能力。并发内力中的弯矩考虑偏心增大系数之后作为设计内力，两者进行比较可验算桥墩强度。

根据上述方式可得到 1 号桥墩强度验算结果，见表 4-8～表 4-12，其余桥墩结果从略。需要注意的是，对于双柱墩，纵桥向仅需验算墩底单元，横桥向需要验算桥墩顶、底单元，有系梁桥墩还应验算系梁位置桥墩强度。

纵桥向地震作用强度验算　　　　　　　　　　　　　　　表 4-8

1001 号单元	轴力（kN）	弯矩 M_y（kN·m）	e_0（m）	增大系数 η	设计弯矩（kN·m）	承载能力（kN·m）	安全系数
最大轴力	6312	−3931	0.623	1.05	−4111	10389	2.53
最小轴力	6594	−2733	0.414	1.06	−2883	10576	3.67
Y 向最大弯矩	6408	7771	1.213	1.02	7954	10453	1.31
Y 向最小弯矩	6501	−8568	1.318	1.02	−8754	10514	1.20

横桥向地震作用强度验算　　　　　　　　　　　　　　　表 4-9

1001 号单元	轴力（kN）	弯矩 M_z（kN·m）	e_0（m）	增大系数 η	设计弯矩（kN·m）	承载能力（kN·m）	安全系数
最大轴力	4199	−4878	1.162	1.02	−4998	8895	1.78
最小轴力	9137	6092	0.667	1.04	6353	12260	1.93
Z 向最大弯矩	9137	6092	0.667	1.04	6353	12260	1.93
Z 向最小弯矩	4251	−5132	1.207	1.02	−5253	8934	1.70

横桥向地震作用强度验算   表 4-10

1002 号单元	轴力 (kN)	弯矩 M_z (kN·m)	e_0 (m)	增大系数 η	设计弯矩 (kN·m)	承载能力 (kN·m)	安全系数
最大轴力	3302	−5405	1.637	1.02	−5499	8219	1.49
最小轴力	8165	6218	0.762	1.04	6451	11616	1.80
Z 向最大弯矩	8165	6218	0.762	1.04	6451	11616	1.80
Z 向最小弯矩	3331	−5444	1.634	1.02	−5539	8241	1.49

横桥向地震作用强度验算   表 4-11

1003 号单元	轴力 (kN)	弯矩 M_z (kN·m)	e_0 (m)	增大系数 η	设计弯矩 (kN·m)	承载能力 (kN·m)	安全系数
最大轴力	3746	5992	1.600	1.02	6099	8554	1.40
最小轴力	8685	−4978	0.573	1.05	−5226	11961	2.29
Z 向最大弯矩	3746	5992	1.600	1.02	6099	8554	1.40
Z 向最小弯矩	8632	−5232	0.606	1.05	−5479	11926	2.18

横桥向地震作用强度验算   表 4-12

1004 号单元	轴力 (kN)	弯矩 M_z (kN·m)	e_0 (m)	增大系数 η	设计弯矩 (kN·m)	承载能力 (kN·m)	安全系数
最大轴力	2898	6352	2.192	1.01	6435	7915	1.23
最小轴力	7761	−5272	0.679	1.04	−5494	11349	2.07
Z 向最大弯矩	2898	6352	2.192	1.01	6435	7915	1.23
Z 向最小弯矩	7732	−5311	0.687	1.04	−5532	11330	2.05

4.2 盖梁强度验算

本例盖梁为双柱墩，地震作用仅会对柱间盖梁产生影响，故盖梁仅需对此部分进行验算。

步骤 1：重编节点号（图 4-68）。点击"**节点/单元 > 单元 > 重编单元号**"。重新编号对象选择"**单元和节点**"，新起始号中单元输入 4001，节点号输入 4001，排序为 X、−Y、Z，选择 1 号桥墩的盖梁（柱间部分），点击"**适用**"。采用同样的方法重编 2 号、3 号墩的盖梁，起始编号分别为 5001 及 6001。

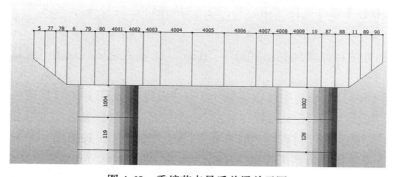

图 4-68　重编节点号后盖梁单元图

步骤 2：查看横向地震波 1 下的盖梁内力图（图 4-69）。点击 **"结果/结果 > 内力 > 梁单元内力图"**。荷载工况/组合选择 **"THall：横向地震波 1"**，显示类型选择 **"数值"**，输出位置勾选 I、J 端，钝化盖梁悬臂部分。

图 4-69　盖梁内力图

步骤 3：提取盖梁内力表格（图 4-70）。点击 **"结果/表格 > 结果表格 > 梁单元 > 内力"**。节点或单元号输入 4001t4009，荷载工况/荷载组合选择 **"横向地震波 1(TH:全部)"**，位置号为 I，J。

单元	荷载	位置	轴向(kN)	剪力-y(kN)	剪力-z(kN)	扭矩(kN*m)	弯矩-y(kN*m)	弯矩-z(kN*m)
4001	横向地震波1(全部)	I[4001]	464.0	32.43	-5138.1	-130.0	-10318.3	112.26
4001	横向地震波1(全部)	J[4002]	464.0	32.43	-5082.1	-130.0	-7422.3	93.88
4002	横向地震波1(全部)	I[4002]	421.3	32.59	-5080.1	-130.2	-7458.6	93.88
4002	横向地震波1(全部)	J[4003]	421.3	32.59	-5025.1	-130.2	-4595.2	75.42
4003	横向地震波1(全部)	I[4003]	379.0	32.72	-5023.1	-130.3	-4631.5	75.42
4003	横向地震波1(全部)	J[4004]	379.0	32.72	-4968.1	-130.3	4239.9	56.88
4004	横向地震波1(全部)	I[4004]	106.1	37.57	-2139.	-134.7	4510.3	56.88
4004	横向地震波1(全部)	J[4005]	106.1	37.57	2187.3	-134.7	2267.8	-19.46
4005	横向地震波1(全部)	I[4005]	0.95	37.63	2186.3	-134.7	2337.6	-19.46
4005	横向地震波1(全部)	J[4006]	0.95	37.63	2289.5	-134.7	2204.4	-22.09
4006	横向地震波1(全部)	I[4006]	-104.	37.57	2290.5	-134.7	2137.5	-22.09
4006	横向地震波1(全部)	J[4007]	-104.	37.57	2393.7	-134.7	4113.1	-61.54
4007	横向地震波1(全部)	I[4007]	-377.	-29.43	5263.5	-117.8	3909.6	-61.54
4007	横向地震波1(全部)	J[4008]	-377.	-29.43	5319.2	-117.8	-5129.3	-72.21
4008	横向地震波1(全部)	I[4008]	-419.	-29.31	5321.7	-117.7	-5091.1	-72.21
4008	横向地震波1(全部)	J[4009]	-419.	-29.31	5377.4	-117.7	-8122.6	-82.80
4009	横向地震波1(全部)	I[4009]	-462.	-29.16	5380.9	-117.5	-8084.2	-82.80
4009	横向地震波1(全部)	J[4010]	-462.	-29.16	5436.6	-117.5	-11149.	98.80

图 4-70　盖梁内力表

步骤 4：Civil Designer 中给盖梁截面配筋（图 4-71、图 4-72）。选择 3 号墩柱间部分盖梁，点击右键选择 **"显示隐藏 > 仅显示"**，视角选择左侧视角；双击跨中某单元打开构件钢筋窗口，选择用户自定义配筋，模式选择 **"配筋"**，勾选辅助线输入保护层厚度为 0.08，类型选择 **"线"**，输入方法为 B，鼠标点选开始点和结束点，选择顶层钢筋位置的端点，OTC 为 0.1m，中心矩参考选择 **"中心"**，勾选两端钢筋，直径选择 **"d32"**，点击 **"添加"** 按钮。

采用同样的方法可以添加底层钢筋（**"d25"**）。输入完毕后点击 **"确认"**，钢筋输入完毕。

步骤 5：在 Civil Designer 中修改规范。点击 **"设计 > 规范 > 设计规范：JTG/T 3362—2018"**。点击 **"设计 > 规范 > 设置"**。柱 P-M 强度验算材料强度选择 **"标准值"**。

步骤 6：计算截面配筋对应的 P-M 曲线。点击 **"工具 > 相关曲线 > P-M 曲线"**。选择目标中选择已配筋盖梁，自定义工况中 P 输入 0，M_y 输入 100，M_z 输入 0，如图 4-73 所示。点击 **"计算"** 得到 P-M 曲线，状态为自定义工况。此时图形窗口中标注的曲线值即为截面正弯矩承载能力,如图 4-74 所示。当自定义工况中 P 输入 0、M_y 输入 -100、M_z 输入 0 时,图形窗口中标注的曲线值为负弯矩承载能力,如图 4-75 所示。其中正弯矩为 $7064\text{kN} \cdot \text{m}$,负弯矩为 $-11427\text{kN} \cdot \text{m}$。

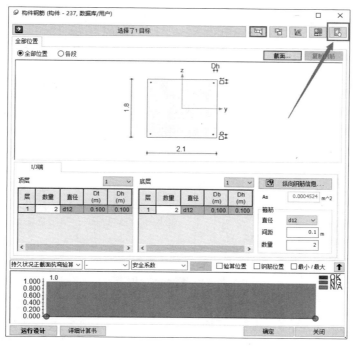

图 4-71　用户自定义配筋

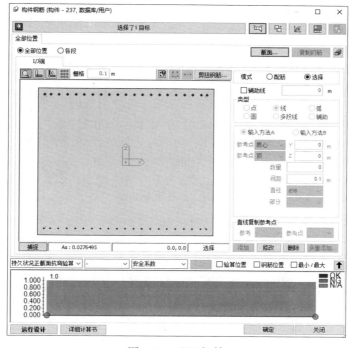

图 4-72　配置钢筋

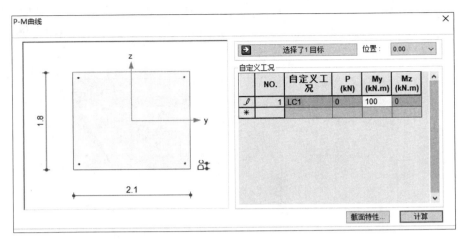

图 4-73 设置荷载工况

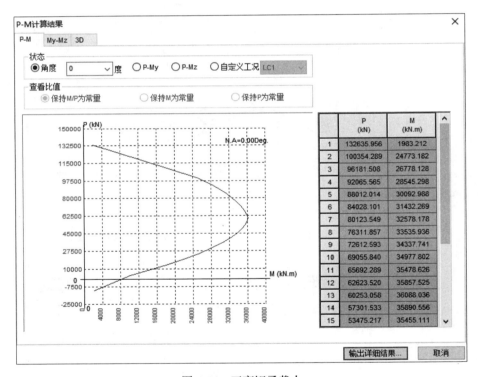

图 4-74 正弯矩承载力

步骤 7：对比设计内力与承载能力，对比结果见表 4-13。

盖梁验算结果表格　　　　　　　　　　　　　　　表 4-13

单元	位置	设计弯矩（kN·m）	承载能力（kN·m）	安全系数
4001	I[4001]	−10318.35	11427	−1.10744
4002	I[4002]	−7458.66	11427	−1.53204
4003	I[4003]	−4631.54	11427	−2.46721

续上表

单元	位置	设计弯矩（kN·m）	承载能力（kN·m）	安全系数
4004	I[4004]	4510.38	7064	1.566165
4005	I[4005]	2337.69	7064	3.021786
4006	I[4006]	2137.51	7064	3.30478
4007	I[4007]	3909.63	7064	1.806821
4008	I[4008]	−5091.17	11427	−2.24447
4009	I[4009]	−8084.2	11427	−1.4135

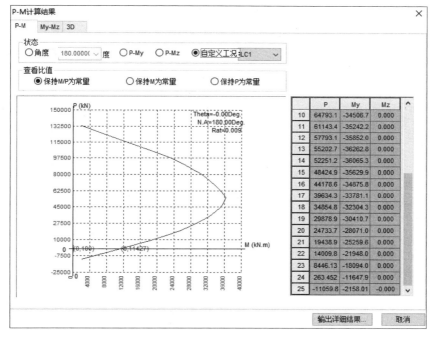

图 4-75 负弯矩承载力

> 注：由盖梁内力表格可以看出，盖梁在地震作用下还会受到轴力，但轴力值相对弯矩小很多，故本文计算盖梁承载能力采用纯弯矩值，在自定义荷载工况中输入轴力，可验算偏压下承载能力。

4.3 验算支座

根据《公路桥梁抗震设计规范》（JTG/T 2231-01—2020）第10.2.4条和第10.4.3条，常用的减隔震装置分为整体型和分离型两类，两类减隔震装置水平位移从50%的设计位移增加到设计位移时，其恢复力增量不宜低于其承担的上部结构重量的2.5%。

减隔震装置应进行如下验算：

（1）应对减隔震装置在正常使用条件下的性能进行验算，在各种非地震水平力作用下，按设计规范进行组合，验算支座连接件的强度和支座位移，应满足正常使用要求。

（2）按该规范第10.2.4条要求，验算减隔震装置水平位移从50%的设计位移增加到设计位移时的恢复力增量。设计位移可按该规范式(7.5.1-2)计算。

（3）减隔震装置的竖向承载能力，在没有水平位移的情况下，应大于其承担的恒载作用效应和活载作用效应之和的 3 倍。橡胶型支座在设计位移下的竖向承载能力，应大于其承担的地震作用效应和 1.2 倍恒载作用效应之和。

（4）在 E2 地震作用下，减隔震支座不应出现拉力。

（5）对橡胶型减隔震支座，在 E2 地震作用下产生的剪切应变应小于 250%。并应根据 E2 地震作用下支座位移，验算支座连接件强度、支座厚度以及顺桥向和横桥向允许支座变形的间隙。

（6）非橡胶型减隔震装置，应根据具体的产品性能指标进行验算。

步骤 1：计算支座连接件所需设计强度及支座最大位移。点击 **"结果 > 时程 > 时程图表/文本 > 时程图表 > 一般连接图表"**。一般连接选择 3 号墩 6 号连接，成分选择 **"Fz-Dz"**，时程荷载工况选择 **"纵向地震波 1"**，点击 **"添加"**，选择添加的地震波，点击 **"显示图表"**，如图 4-76 所示。

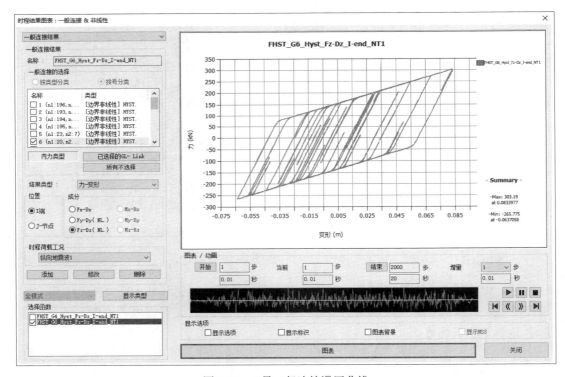

图 4-76 6 号一般连接滞回曲线

通过观察显示图形的右下角，可以得到本支座最大计算剪力为 303kN，最大计算位移为 0.0834m，支座连接件的强度应满足此要求，支座的允许位移应大于此值（本例支座允许位移为 300mm）。

步骤 2：验算支座恢复力。由上一步可知，本桥 3 号墩纵桥向支座设计位移为 0.0834m，按规范要求，水平位移从 50%的设计位移（0.0834/2 = 0.0417m）增加到设计位移时的恢复力不能低于其承担的上部结构重量的 2.5%。另外规范要求计入温度效应，本例 3 号墩位置的纵向位移仅 0.007m，相对地震作用效应（0.0834m）相差甚远，故计算从略。

在图 4-76 中用鼠标框选横坐标 0.0417m 附近最高的上升段曲线，并不断用此方法扩大顶部曲线，直至可以相对精确地观察坐标为 0.0417m 处曲线的最大纵坐标。

> 注：图 4-76 的图形区域可以通过框选某部分曲线，不断放大曲线，如图 4-77～图 4-79 所示。通过右键选择缩小可以恢复曲线为全部显示状态。

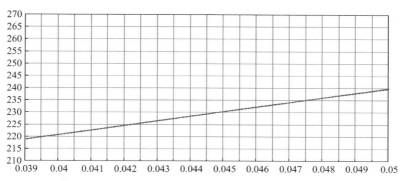

图 4-77　框选 0.45 横坐标附近的最顶端曲线后效果

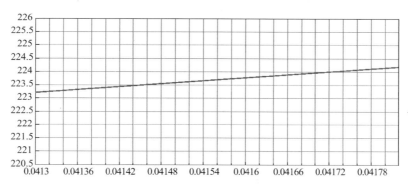

图 4-78　框选 0.0415 横坐标附近曲线后效果

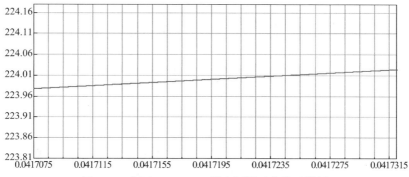

图 4-79　框选 0.04172m 横坐标附近曲线后效果

至此基本可以确定 0.0417m 位移时的恢复力为 224kN，由图 4-76 可以得到最大设计力为 303kN。支座分担的竖向恒载可以通过查看最后施工阶段一般连接的表格结果，6 号支座的恒载反力为 2574kN。

$$303.19 - 224 = 79.19 > 2574 \times 2.5/100 = 64.35$$

步骤3：验算减隔震装置的竖向承载能力及不出现拉力支座。点击"**结果 > 时程 > 时程图表/文本 > 时程图表 > 一般连接图表**"。

本桥采用减隔震支座的竖向承载能力为3878kN，规范中关于"3倍"的要求为对支座性能的要求，或者说要求支座的竖向极限承载能力大于设计承载能力的3倍，换言之是对支座厂家的要求，设计时可认为自动满足要求。

在计算位移0.0834m时，支座变形后平面形状如图4-80所示，据此可得到变形后承载能力修正为变形前的 0.841 倍（阴影面积与整个面积的比值），承载能力降低至 3185kN（3787 × 0.841）。查看考虑恒载效应后的总支座反力16号最大值为2576kN，查看考虑恒载地震作用反力为2789kN。

1.2 × 2576 + (2789 − 2576) = 3304.2 > 3185，支座竖向承载力略有不足（差3.6%）。

采用图4-81所示的方法输出支座考虑恒载后的反力，无正值，本桥则无支座受拉情况发生，满足规范要求。

图 4-80　支座位移后平面投影

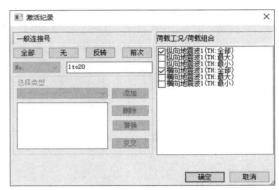

图 4-81　一般连接结果

步骤4：验算减隔震装置的剪切应变。

根据支座型号，可在规格表中查得相关数据，进而推算支座橡胶层总厚度，本例支座型号橡胶层厚度168mm，全桥最大支座水平位移查看方式如图4-76所示，6号一般连接的最大水平位移为0.0834m，剪切应变为83.4/168 = 49.64% < 250%，可以满足要求。

4.4　提取桩基础验算所需内力

本桥为桩接柱带系梁结构。顺桥向可直接提取每根桩的桩顶内力。横桥向需要考虑"群桩"效应，可直接提取承台（系梁）底中心横桥向地震波的作用效应。

步骤1：提取单个桩顶内力（图4-82、图4-83）。点击"**结果 > 时程 > 时程图表文本 > 时程文本**"。选择单元分析结果，输出方式选择"同时截面内力"，在模型窗口选择桩顶单元，时程荷载工况选择"纵向地震波1"。

此时可提取得到M_y绝对值最大时对应的剪力和轴力，也可以得到剪力最大时对应的弯矩和轴力。因纵向计算时轴力不会有太大变化，故上述两种工况足以。

步骤2：提取系梁底中心的内力，提取方法与步骤1相同。选择系梁一边的梁单元（将系梁分为两个单元），最终提取的内力为横向地震波作用下的并发内力，注意应提取轴力、弯矩、剪力三种工况，具体数值不再赘述。

减隔震桥梁时程分析与验算 实例四

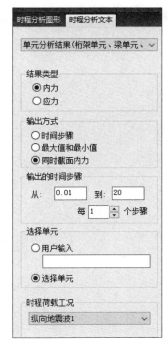

图 4-82 输出并发内力

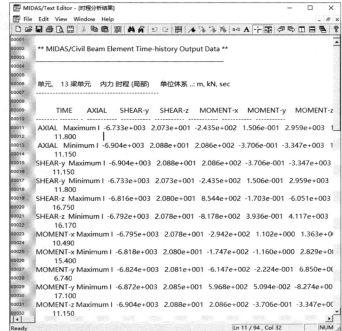

图 4-83 并发内力文本

实例五

自锚式悬索桥分析

1 工程概况及建模要点

1.1 工程概况

本例分析对象为自锚式悬索桥（图5-1），桥跨布置为（65+125+300+125+65）m。主缆矢高60m（矢跨比1/5）。跨中吊杆长度6m，桥塔侧吊杆长度56.546m。

图 5-1 桥梁有限元模型

钢箱梁主体结构、主缆锚箱及压重构造的纵横肋采用Q345钢，梁高3.5m。主梁采用扁平钢箱梁结构，两侧设置风嘴（桥塔位置取消风嘴）。

主缆共2根，抗拉强度为1770MPa，每根主缆共有37股索股，每根索股由91根直径为5.3mm的高强度镀锌钢丝组成。主缆在架设时竖向排成尖顶的近似正六边形，紧缆后主缆为圆形。

吊索采用预制平行钢丝索股（PPWS），每股由91根直径为5.0mm镀锌铝高强钢丝组成，其抗拉强度为1770MPa。

桥塔采用C50混凝土。塔高101.475m（上塔柱高70.9449m，下塔柱高30.53m）。采用矩形空心截面，上塔柱横桥向4m，纵桥向6.5m，下塔柱横桥向由4m变宽5.5m，纵桥向6.5m变宽为8m。上塔柱截面壁厚0.8m，下塔柱厚度渐变至1m。桥塔设置上下横梁两道，断面采用5.5m×6m（宽×高）空心矩形截面，壁厚0.6m。边墩采用C40空心矩形墩，断面为6m×5m（宽×高）的空心矩形截面，壁厚1.0m。

本桥桩基础材料均采用C30混凝土。桥塔位置采用直径2.2m钻孔灌注桩，边墩桩基础采用直径1.8m钻孔灌注桩，边墩桩长55m，桥塔处桩长80m。

本桥主梁在桥塔位置设置横向抗风支座，桥塔下横梁位置设置黏滞阻尼器。

本桥位于地震烈度7度区，场地类别为II类，基本地震动峰值加速度为0.15g。

1.2 建模要点

根据《公路桥梁抗震设计规范》（JTG/T 2231-01—2020）第9.3.3条的规定，在进行地震反应分析时，采用的计算模型必须真实模拟桥梁结构的刚度和质量分布及边界连接条件，并应满足以下要求：

（1）应建立主桥与相邻引桥孔耦联的空间计算模型。

（2）墩、塔、拱肋及拱上立柱可采用空间梁单元模拟；桥面系应视截面形式选用合理的计算模型；斜拉桥拉索、悬索桥主缆和吊杆、拱桥吊杆和系杆可采用空间桁架单元。

（3）应考虑恒载作用下几何刚度和拉索垂度效应弹性模量修正等几何非线性影响。

（4）进行非线性时程分析时，支承连接条件应采用能反映支座力学特性的单元模拟。

（5）E1 地震作用下，墩柱截面抗弯刚度应采用全截面刚度；E2 地震作用下，墩柱截面抗弯刚度可采用开裂刚度，开裂刚度可取 0.8 倍全截面刚度，如边墩已进入塑性工作状态，则应选用适当的弹塑性单元来模拟。

由上述条款可知，较梁桥分析而言，在进行自锚式悬索桥动力分析时需额外考虑两种分析的共同作用：几何非线性、边界非线性。其建模过程描述如下：

首先要建立静力模型，主要解决主缆和吊杆的恒载作用下的无应力长度问题。其次施加动力荷载并在模型中增设非线性边界（抗风支座及阻尼器），进行动力分析。最后根据计算所得内力及位移结果进行相关的验算。由于进行动力时程分析时，如果同时考虑几何非线性与边界非线性，计算结果不容易收敛，因此通常采用折中的方案：用恒载作用下的内力计算结构的几何刚度和拉索垂度效应，即修正弹性模量的方法近似考虑几何非线性的影响。

2 前处理——建立有限元静力模型

2.1 建立模型所需截面材料

（1）主梁截面

本桥主梁断面（图 5-2）为扁平钢箱梁，可以通过截面特性计算器工具来定义主梁截面。具体实现方法可参照本书减隔震桥梁相关章节的操作步骤。由于动力计算时主梁对计算结果的影响主要是自身重力的分布，故建模时只需将标准断面作为全桥断面使用，后续通过施加外荷载模拟隔板、竖向加劲肋等构造对自重的影响。

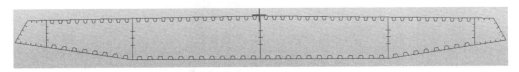

图 5-2　主梁跨中断面

（2）桥塔截面

步骤 1：建立上桥塔柱截面（图 5-3）。点击"**特性/截面 > 截面特性值 > 截面 > 数据库/用户 > 箱型截面**"。

步骤 2：建立下桥塔柱截面（图 5-4）。点击"**特性/截面 > 截面特性值 > 截面 > 变截面 > 箱型截面**"。

> 注：实际桥塔截面存在加腋，但由于程序只能计算箱形截面的M-ϕ曲线，故这里将其简化为不带加腋的箱形截面，一般桥塔截面的加腋不会很大，这种处理对计算结果的影响也较小。

（3）主缆及吊杆截面

步骤 1：主缆及吊杆截面（图 5-5、图 5-6）。点击"**特性/截面 > 截面特性值 > 截面 > 数据库/用户 > 实腹圆形截面**"。

> 注：主缆及吊杆的截面需要换算为等效圆形截面。换算方法根据实际面积换算为等效的圆形截面。本例直径换算见表 5-1。

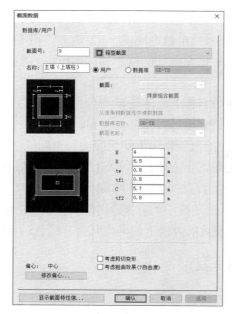

图 5-3 上塔柱截面　　　　　图 5-4 下塔柱截面

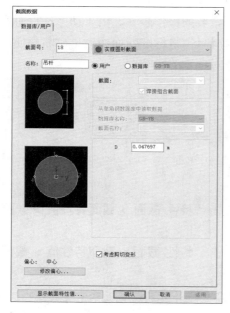

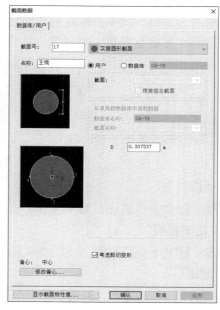

图 5-5 主缆截面　　　　　图 5-6 吊杆截面

直径换算表格　　　　　　　　　　　　　　表 5-1

构件	吊杆	主缆
直径（mm）	5	5.3
每束丝数	91	91
股数	1	37
总面积（mm²）	1786.8	74282.2
反算直径（mm）	47.7	307.5

步骤 2：建立其余截面。建立方法同上，各截面尺寸如图 5-7～图 5-16 所示。

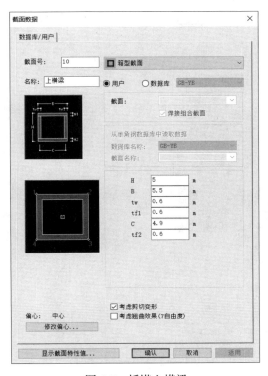

图 5-7　桥塔上横梁

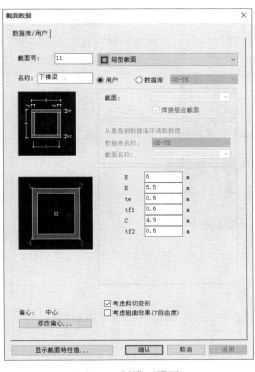

图 5-8　桥塔下横梁

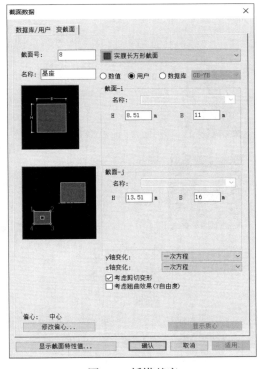

图 5-9　桥塔基座

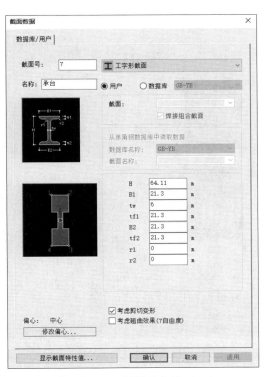

图 5-10　桥塔承台截面

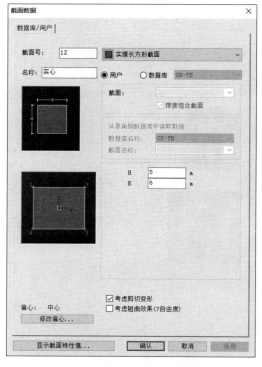

图 5-11 边墩实心截面

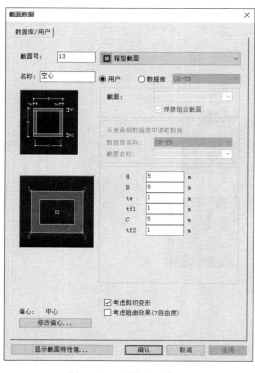

图 5-12 边墩空心截面

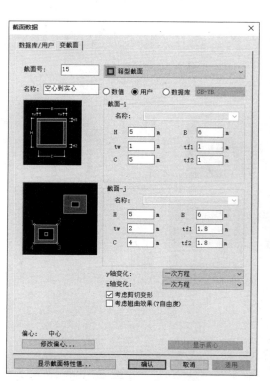

图 5-13 边墩空心到实心截面

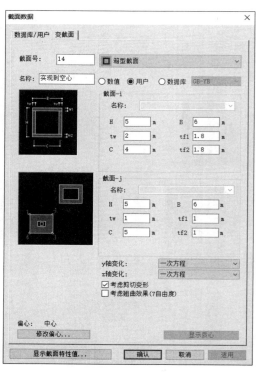

图 5-14 边墩实心到空心截面

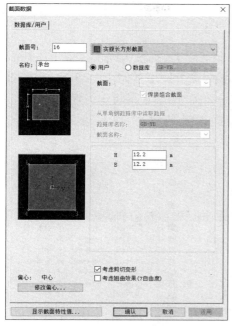

图 5-15　边墩承台截面

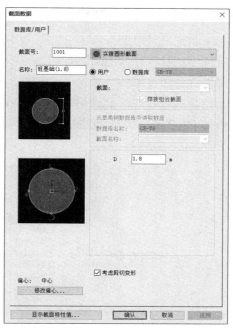

图 5-16　边墩桩基础截面

（4）建立材料

点击"**特性/截面 > 截面特性值 > 材料 > 钢材**"。规范选择"JTG 3362—18（S）"，数据库选择"Wire1770"，如图 5-17 所示。采用同样的方法建立其余类型材料，如图 5-18～图 5-20 所示。

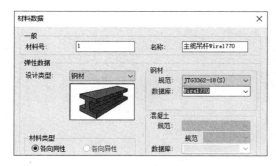

图 5-17　主缆及吊杆材料

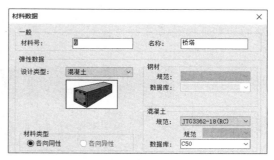

图 5-18　桥塔材料

图 5-19　边墩及承台材料

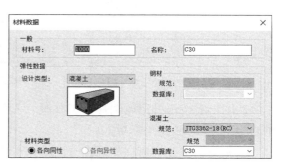

图 5-20　桩基础材料

2.2 建立主塔及辅助墩独立模型

（1）绘制主塔外形图

主塔外形（图5-21）根据设计参数确定，在此基础上绘制主塔轴线（上下塔柱需区分）、上下横梁轴线、塔座轴线、桥塔承台轴线。各轴线需分图层存储（图5-22），且图形应在YOZ平面绘制（或XOY平面绘制后剪切到YOZ平面）。由于主梁将作为建模的竖向0点位置，桥塔的CAD图（0,0）点也应在主梁顶面对称中心位置。

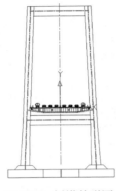

图5-21 桥塔外形图　　　　图5-22 图层设置

（2）导入dxf文件中的轴线作为桥塔单元

步骤1：导入上部结构。点击"**文件/导入 > AUTOCAD dxf**"。

步骤2：采用拖拽形式给单元赋予截面和材料。

> 注：此处要保证midas Civil和CAD文件单位体系一致。midas Civil程序根据dxf文件的图层名自动将主塔分为不同的结构组（图5-23），双击结构组即可选择对应单元，从而为截面赋值带来较多便利，截面赋值后效果如图5-24所示。

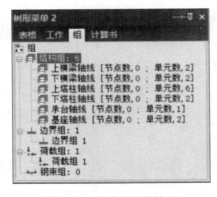 

图5-23 自动生成结构组　　　　图5-24 截面赋值后效果

从图形看桥塔外形可明显发现有误。下塔柱的主要问题是坐标轴方向反了，承台和基座的问题是单元的β角不对。

步骤3：修改下塔柱坐标轴方向。点击"**节点/单元 > 单元 > 修改参数 > 反转单元坐标轴**"，选择下塔柱点击"**适用**"，如图5-25所示。

步骤 4：修改基座及承台β角。点击 "**节点/单元 > 单元 > 修改参数 > 单元坐标轴方向**"，β角输入 90°，选择承台及基座点击"**适用**"，如图 5-26 所示。

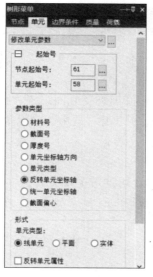 

图 5-25　反转坐标轴　　　　图 5-26　旋转β角

步骤 5：细分单元长度。点击"**节点/单元 > 单元 > 分割 > 等间距**"，上塔柱等分 10 份，下塔柱等分 5 份，上下横梁等分 10 份，如图 5-27 所示。

步骤 6：下塔柱建立变截面组。点击"**特性 > 截面 > 变截面组**"，变截面组名称输入"**下塔柱**"，单元列表选择下塔柱单元，如图 5-28 所示。

修改后模型如图 5-29 所示。

  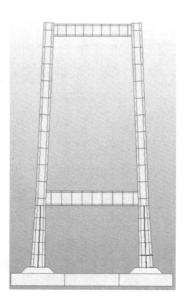

图 5-27　等分单元　　　图 5-28　设置变截面组　　图 5-29　修改后模型

步骤7：复制桥塔到桥位处。点击"**节点/单元 > 单元 > 移动复制**"，方向选择"**X**"，距离输入"**−150300**"。

> 注：距离中的逗号必须是英文状态的逗号。

步骤8：修改变截面组并删除中间位置桥塔。点击"**特性 > 截面 > 变截面组**"，点选已定义变截面组（下塔柱），单元列表中选择所有下塔柱单元（可通过截面特性选择），点选"**添加**"进行修改。

步骤9：通过复制新建的两侧桥塔，下塔柱添加到变截面组中。点击"**节点/单元 > 单元 > 删除**"，全选所有中间桥塔的单元和节点，点击"**适用**"删除全部。

最终桥塔模型如图 5-30 所示。

（3）手动建立辅助墩模型

由于桥塔为矩形空心板墩，形状比较简单，可通过手动方式建立。

步骤 1：建立辅助墩节点。点击"**节点/单元 > 节点 > 建立节点**"，坐标输入（−275，−7.5，−4.2）。

步骤2：扩展节点，并生成截面变化控制点。点击"**节点/单元 > 单元 > 扩展**"，坐标为−2，−4，−19.96，−4，−2，−4.5。

步骤3：墩身及承台各段赋予截面。选择各段单元，拖拽截面至模型窗口即可。

步骤4：细分空心部分单元。点击"**节点/单元 > 单元 > 分割**"，分割数量为5。

步骤 5：复制同样桩位另一侧桥墩。点击"**节点/单元 > 单元 > 复制**"，选择新建桥墩，间距为15m。

步骤6：复制对称位置大桩号桥墩。点击"**节点/单元 > 单元 > 复制**"，选择小桩号两桥墩，间距为550m。

边墩建立后墩塔外形如图 5-31 所示。

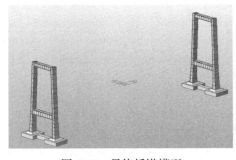

图 5-30　最终桥塔模型

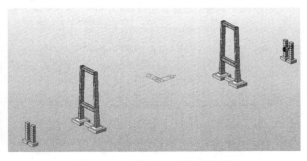

图 5-31　边墩建立后墩塔外形

2.3　通过建模助手得到主缆、吊杆初始状态

自锚式悬索桥不同于普通的梁桥，已知截面材料便可建立静力模型，在此基础上可以进一步建立动力分析。因为主缆的存在，建模时必须知道主缆及吊杆的无应力长度，而设计文件中很少直接给出相关内容。故需要借助"悬索桥建模助手"得到主缆和吊杆的无应力长度，从而进一步得到后续操作所需的初始模型。

建模助手的工作原理是假设索鞍、锚固点固接约束，根据输入的桥梁参数和外荷载反算主缆、吊杆的无应力长度。

特别需要注意,此时得到的悬索桥模型是地锚式悬索桥的模型,对于自锚式悬索桥模型需要进一步修改边界等内容,如果存在本实例中涉及的配重孔,也需要后续单独建立。由于地锚和自锚在受力模式上存在一定的差异,后续需要利用"悬索桥精确平衡分析"功能得到更精细的模型。

本桥外荷载汇总见表5-2、表5-3。

均布荷载汇总表　　　　　　　　　　　　　　　　　　　表5-2

荷载名称	数值(kN/m)
主梁自重	223.2
铺装	134.9
护栏	30.0
集中力反算	38.1
均布荷载合计	426.2

集中荷载汇总表　　　　　　　　　　　　　　　　　　　表5-3

项目	重量(kN)	数量	合计(kN)
索夹(每个吊杆位置)	10.8	76	820.8
吊杆锚箱(每个吊杆位置)	9.9	76	752.4
吊杆下隔板	131.5	38	4997
普通隔板(吊杆间三道)	114.2	126	14389.2
合计(kN)			20959.4
反算均布荷载(kN/m)			38.108

步骤:输入建模助手所需数据(图5-32)。点击"**结构/建模助手 > 悬索桥**"。

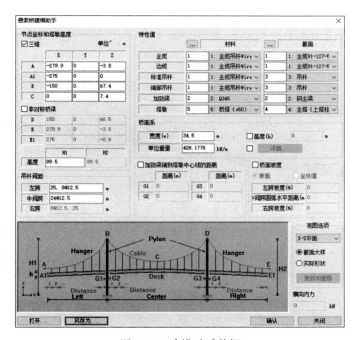

图5-32　建模助手数据

（1）节点坐标和塔墩高度

程序中 A 为锚点位置坐标，本实例为散索套底部位置，即主缆在主梁上的锚固点；A_1 为桥面系起点位置坐标，本实例为边墩支承线位置；B 为索鞍坐标，Z 坐标表示理论主缆边中跨交点高度；C 为垂点坐标。

> 注：B、C 点 Z 坐标需要考虑由于主梁存在横坡及吊杆底部存在锚固预埋深度等原因，从而吊杆需加长。换言之，程序自动生成的模型吊杆底部与主梁节点竖向平齐，而实际结构横坡和预埋深度造成吊杆底部低于主梁节点（截面顶点）。合并主塔模型前需将助手生成的模型中主梁以外节点降低，以便与前文独立桥塔模型的坐标相匹配。

（2）吊杆间距

吊杆间距根据实际桥梁的布置情况输入，特别注意输入时应按照程序中示意图所示，从左向右输入。

（3）桥面系

桥面系虽然输入的数据不多，但却是整个助手文件中最重要的输入数据。宽度表示吊杆底部横桥向间距，而不是实际的桥面宽度。单位重量是整个计算过程中的重中之重，单位重量应包含主梁自重及其余恒载效应。虽然助手中已输入主梁的材料和截面，但程序不会按实际截面形状来计算桥面系重量，而是仅考虑此处输入的单位重量作为计算主缆线形的荷载。

（4）桥面纵坡

桥面纵坡是自锚式悬索桥必须考虑的内容之一，程序支持坡面输入及坐标输入两种方式，可以满足实际需要。由于本文仅为阐述此类桥的抗震计算流程，限于篇幅，不做输入。

（5）视图选项

视图选项一方面提供输入所需的示意图，更重要的是提供根据目前设置可以计算得到的桥梁立面和平面图，并给出水平力的大小。对于空间主缆，可以通过视图选项预览实际主缆线形。

通过建模助手生成的模型如图 5-33 所示。

图 5-33 建模助手生成模型

2.4 修改助手生成模型为实际模型

（1）修改单元节点、合并桥塔、建立边孔

步骤 1：删除桥塔单元（图 5-34）。点击 **"节点/单元 > 单元 > 删除"**，双击材料列表中的 **"桥塔"** 选中桥塔单元，点击 **"适用"** 删除。

步骤 2：删除桥塔节点。点击 **"节点/单元 > 节点 > 删除"**，选择塔底及中部四个节点进行删除。

步骤 3：下移主梁、锚点之外节点（-0.9m）。点击**"节点/单元 > 节点 > 移动复制"**，选择**"移动"**选项，任意间距中方向选择**"z"**，距离为-0.9m，选择左视图，选择主梁以外所有节点（锚点除外），点击**"适用"**移动选择节点。

步骤 4：将模型水平偏移至相对XOZ平面对称的位置。点击**"节点/单元 > 节点 > 移动复制"**，选择**"移动"**选项，任意间距中方向选择**"y"**，距离为-17.25m，全选所有节点，点击**"适用"**移动选择节点，如图 5-35 所示。

 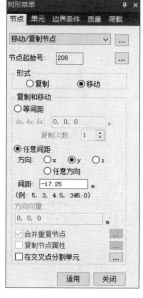

图 5-34　删除单元　　　　图 5-35　移动节点

注：悬索桥建模助手生成的模型位置并不会相对XOZ平面对称，为了后续提取数据以及建模方便，将其移动到对称位置。

步骤 5：合并已建成桥塔模型。点击**"文件 > 合并数据文件"**。选择已建成桥塔模型文件，勾选**"建立组"**选项，点击**"确认"**导入模型。

步骤 6：扩展方法生成边孔主梁。点击**"节点/单元 > 单元 > 扩展"**。选择材料为**"Q345"**，截面为**"钢主梁"**，任意间距方向为X，间距 65m，选择既有主梁终点节点，点击**"适用"**生成右侧桥孔。采用同样的方法输入-65m，选择起点节点可生成左侧桥孔。

步骤 7：细分主梁单元。点击**"节点/单元 > 单元 > 分割"**，分割数量选择 3，双击菜单 Q345 材料选择主梁单元，点击**"适用"**细分全部钢箱梁。分割数量修改为 6，框选扩展的边孔单元，点击**"适用"**进一步细分边孔。

（2）建立桩基础

注：较普通梁桥，悬索桥的桩基础有着数量多、分布复杂的特点。如果沿用本书常规梁桥的建模方法，效率较低。故本实例采用 MCT 导入的方法成批导入，每次导入一个桥位处的桩基础。导入后单元、节点、边界、截面均已完成，此方法极大地提高了建模效率。添加桩基础后模型如图 5-36 所示。

Excel 有着强大的数据处理功能，根据已知的数据信息，可以非常方便地计算节点坐标、土弹簧的刚度等内容。如果辅助 VBA 编程语言，输入方式可以更为高效与便利。

关于桩基础 MCT 文件的格式，最好的思路是手动建立一根桩基模型（2 个单元），施加边界后输出 MCT 文件。通过观察这些数据可以很容易确定格式，表 5-4 是需要用到的 MCT 文件格式，无须太多解释便可得知各参数的意义。

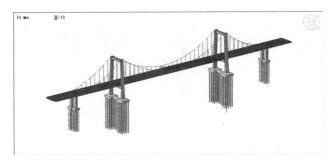

图 5-36　添加桩基础后模型

MCT 文件示意表　　　　　　　　　　　　　表 5-4

项目	内容
*UNIT（单位体系）	kN, M, KJ, C
*MATERIAL（材料）	1000, CONC, C30, 0, 0, C, NO, 0.05, 1, JTG3362-18（RC）, C30, NO, 3e + 007
*SECTION（截面）	1001, DBUSER, 桩基础（1.8）, CC, 0, 0, 0, 0, 0, 0, YES, NO, SR, 2, 1.8, 0, 0, 0, 0, 0, 0, 0, 0
*NODE（节点）	16000, 700, 7.5, −40.646932
*SPRING（桩身节点弹性支承）	16001, LINEAR, NO, NO, NO, NO, NO, 22680, 22680, 0, 0, 0, 0, NO, 0, 0, 0, 0, 0, 0, 0, 0, 0, 0
*ELEMENT（单元）	16000, BEAM, 1000, 1001, 16000, 16001, 0, 0
*CONSTRAINT（桩底固接）	16003, 111111,

2.5　施加边界条件

（1）建立桥塔、桥台及边墩支座节点

步骤 1：建立桥台梁底节点。点击"**节点/单元 > 节点 > 移动/复制节点**"，选择主梁端部（起点及终点）节点，任意间距 Z 向，间距为 −3.5m。

步骤 2：建立桥台支座上节点。点击"**节点/单元 > 节点 > 移动/复制节点**"，选择新建立节点，任意间距 Y 向，间距输入"−7.5, 15"。

步骤 3：删除中间节点。选择步骤 1 中建立的节点，DEL 键删除。

步骤 4：建立桥台支座下节点。点击"**节点/单元 > 节点 > 移动/复制节点**"，选择步骤 2 建立节点，任意间距 Z 向，间距为 −0.5m。

步骤 5：建立边墩支座上节点（图 5-37）。点击"**节点/单元 > 节点 > 移动/复制节点**"，选择边墩墩顶节点，任意间距 Z 向，间距为 0.7m。

步骤 6：建立桥塔下横梁位置支座上节点（图 5-38）。点击"**节点/单元 > 节点 > 移动/复制节点**"，选择桥塔位置主梁节点，任意间距 Z 向，间距输入"0, −3.5"。选择新建立节点，任意间距Y向，间距输入"–7.5，15"，DEL 键删除中间节点。选择新建立节点，选择在交叉点分割单元，任意间距Z向，间距为–4.5m。

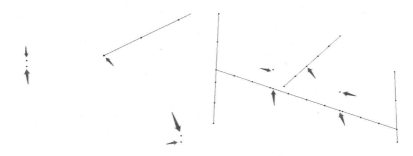

图 5-37　桥台侧支座节点　　　　图 5-38　桥塔横梁处支座节点

（2）建立支座边界条件

步骤 1：建立支座上节点与主梁间的约束。点击"**边界 > 连接 > 刚性连接**"，主节点选择主梁起点，选择桥台支座上节点，类型选择"**刚体**"，复制刚性连接方向为X，间距输入"**62，125，300，125，65**"，如图 5-39 所示。

步骤 2：桥台底部固接。点击"**边界 > 边界 > 一般支承**"，约束全部约束方向，选择桥台底部节点，点击"**适用**"，如图 5-40 所示。

步骤 3：输入支座约束刚度（表 5-5）。点击"**边界 > 连接 > 弹性连接**"，输入弹性连接刚度，点选支座上下节点，如图 5-41 所示。

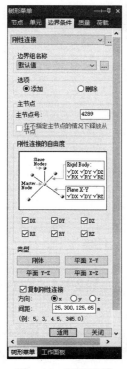 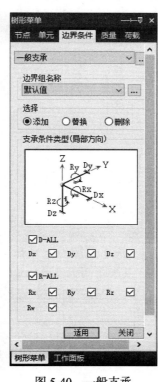 

图 5-39　刚性连接　　　　图 5-40　一般支承　　　　图 5-41　弹性连接

支座约束刚度表（单位：kN/m）　　　　　　　　　　表 5-5

位置	D_X	D_Y	D_Z	R_X	R_Y	R_Z
桥台左	1.00×10^6	1.00×10^6	0	0	0	0
桥台右	1.00×10^6	0	0	0	0	0
边墩左	1.00×10^6	1.00×10^6	0	0	0	0
边墩右	1.00×10^6	0	0	0	0	0
桥塔左	1.00×10^6	0	0	0	0	0
桥塔右	1.00×10^6	0	0	0	0	0

注：弹性连接D_X表示两点之间的刚度，本实例表示竖向刚度，点选后可查看支座的坐标方向，以便确认输入的水平向刚度是否为预期方向。

步骤 4：承台位置边界。点击"**边界 > 连接 > 刚性连接**"，主节点承台底节点处选择桩顶节点，桥塔位置承台与基座同样采用刚性连接。

注：可以利用对称性和复制功能一次建立两个边界。

（3）建立索鞍、锚固点及对称中心边界

步骤 1：建立索鞍位置边界。点击"**边界 > 连接 > 刚性连接**"，主节点选择主塔顶，选择主缆对应节点，仅释放纵桥向约束，复制距离为 300m。

步骤 2：建立主梁位置锚点节点（图 5-42）。点击"**节点/单元 > 节点 > 移动复制**"，选择边墩顶部主梁节点，任意间距方向为X，间距为-4.9m，选择在交叉点分割单元。

注：采用同样的方法可以得到终点侧分割节点，且可通过显示单元号的方式检查新生成节点是否分割已有单元。

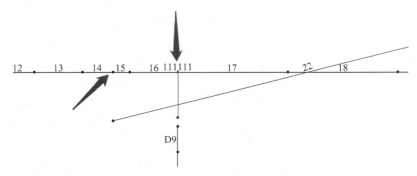

图 5-42　建立主梁位置锚固点

步骤 3：建立锚点与主梁的约束。点击"**边界 > 连接 > 刚性连接**"，在立面视角选择主梁节点，选择锚点主缆端部节点，复制距离为 559.8m。

步骤 4：建立主梁对称中心的约束。点击"**边界 > 边界 > 一般支承**"，仅约束纵桥向，选择主梁对称中心节点，点击"**适用**"。

注：考虑到全桥的纵向约束全部由阻尼器承担，静力分析时又没有必要模拟阻尼器，故加此约束。由于结构对称，主梁的约束力必然为 0，此约束实际只是为了保证本桥不是一个机动体系。

（4）删除原地锚的锚点固接边界

点击"**边界 > 边界 > 一般支承**"，选择"**删除**"，选择主缆端点，点击"**适用**"。

注：删除时必须选择正确的边界组，可以通过查看一般支承表格得到其所属的边界组。

2.6 施加静力荷载及精确平衡分析

（1）施加静力荷载定义非线性分析控制

步骤1：既有自重荷载工况上添加均布荷载。点击"**荷载 > 荷载类型 > 静力荷载**"。点击"**荷载 > 梁荷载/单元**"。

荷载工况名称为自重，数值w输入"**−203**"，选择主桥部分主梁，点击"**适用**"；数值w输入"**−188**"，选择配重孔主梁，点击"**适用**"，如图5-43所示。

注：由于自重荷载已经在使用建模助手时自动施加，此处仅需施加自重以外荷载，即主梁截面计算所得荷载以外的荷载。输入数值应为建模助手输入荷载减去主梁自重荷载（主梁面积×重度）。配重跨与主桥部分由于构造不同应输入不同的荷载效应。

步骤2：定义非线性分析控制（图5-44）。点击"**分析 > 分析控制 > 非线性**"。

注：非线性分析控制中的荷载工况无须添加，程序会自动计算所有工况的非线性效应。

图5-43 输入荷载

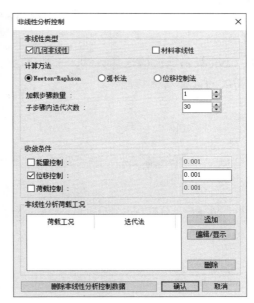
图5-44 定义非线性分析控制

（2）运行非线性分析，查看位移结果

步骤1：删除目录树中初始内力（大位移）中的几何刚度初始荷载。点击右键打开相关表格，点击表格左上角全选数据，DEL键删除数据。

步骤2：运行分析。查看跨中位置主缆及主梁最大竖向位移为753mm。

注：造成如此大的竖向位移主要是建模助手生成的主缆无应力长度考虑的工况与现实差距较大。故需要后续进一步通过精确平衡分析得到更优的主缆状态（无应力长度）。

(3) 精确平衡分析

步骤1：定义更新节点组。右键点击树形菜单结构组选择"**新建**"，新建结构组命名为"**更新节点组**"，双击树形菜单中的截面"**主缆 91-127-5**"选择主缆，F2 键激活选择单元，框选主缆除锚固点及塔顶节点外的所有节点，拖拽更新节点组标签到模型窗口。

步骤2：定义垂点组。右键点击树形菜单结构组选择"**新建**"，新建结构组命名为"**垂点组**"。

> 注：此处结构组内无须添加具体内容，因为修改边界后，重新进行平衡分析，主缆的线型会发生改变，可以查看更新完后垂点的坐标变化值，若数值较大，重新回到建模助手分析，提前在垂度坐标定义时候考虑，重做一遍分析。

步骤3：定义吊杆组。右键点击树形菜单结构组选择"**新建**"，新建结构组命名为"**吊杆组**"，激活全部单元，点击树形菜单中的截面"**吊杆**"，右键选择"**激活**"，全选所有吊杆，拖拽吊杆组标签到模型窗口。

步骤4：定义吊杆底部对应主梁节点组。右键点击树形菜单结构组选择"**新建**"，新建结构组命名为"**吊杆位置主梁节点组**"，激活全部单元，新建边界组 2，框选吊杆位置主梁及吊杆所有节点，如图 5-45 所示。拖拽边界组 2 至模型窗口，弹出对话框选择"**刚性连接**"，点击"**选择属性**"功能（图 5-46），下拉菜单选择"**边界组**"，列表中选择边界组 2 后点击"**添加**"，之后 F2 键激活选中节点，俯视视角选择中间的主梁对应节点，拖拽吊杆组标签到模型窗口。

> 注：midas Civil 提供强大的选择功能，一般通过材料、截面、组进行选择即可。本实例采用更为高级的选择属性功能。

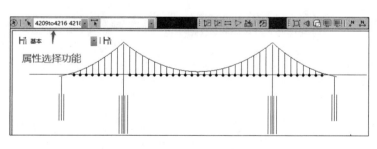

图 5-45 选择吊杆底部相关节点　　图 5-46 选择属性功能

步骤5：定义精确平衡分析。点击"**分析 > 分析控制 > 悬索桥**"，下拉列表中分别选择已建立的"**更新节点组**"和"**垂点组**"，勾选"**吊杆底部竖向变形为 0**"，并点击此按钮，如图 5-47 所示。下拉菜单中选择已建成"**吊杆组**"及"**吊杆位置主梁节点组**"，如图 5-48 所示。

步骤6：删除非线性分析控制后运行程序。

（4）建立施工阶段验证精确平衡分析

步骤1：删除悬索桥分析控制。点选目录树中的悬索桥分析控制，DEL 键盘删除。

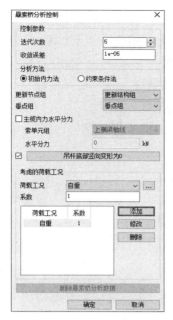
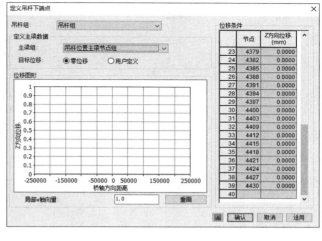

图 5-47　分析控制主界面　　　　　图 5-48　定义吊杆下端点

步骤 2：建立施工阶段所需组。点击树形菜单结构组，右键选择"**新建**"，新建"**全部结构**"结构组。采用同样的方法建立"**全部边界**"边界组和"**全部荷载**"荷载组。模型窗口全选所有单元节点，拖拽全部结构组到模型窗口。采用同样的方法处理边界组和荷载组。

步骤 3：修改自重荷载的工况类型及荷载组（图 5-49、图 5-50）。删除树形菜单"**悬索桥分析数据**"，点击"**荷载 > 建立荷载工况 > 静力荷载工况**"，将自重工况类型修改为"**施工阶段荷载（CS）**"，将其定义到"**全部荷载组**"。

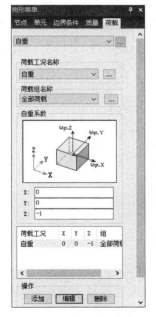

图 5-49　修改荷载组　　　　　　　图 5-50　修改荷载工况

步骤 4：定义施工阶段（图 5-51）。点击 **"荷载 > 荷载类型 > 施工阶段"**。点击 **"荷载 > 施工阶段数据 > 定义施工阶段"**。名称为 **"一次成桥"**，将全部结构、全部边界、全部荷载设置为激活状态。

图 5-51 定义施工阶段

步骤 5：定义施工阶段分析控制（图 5-52）。点击 **"分析 > 分析控制 > 施工阶段"**，分析选项中下拉菜单选择 **"非线性分析、独立模型、使用平衡单元节点内力"**。

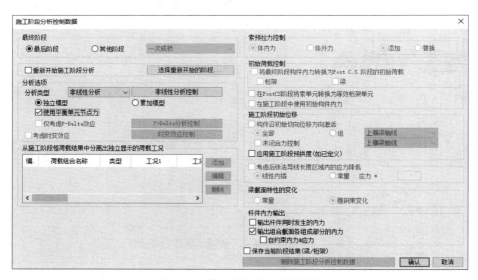

图 5-52 定义施工阶段分析控制

步骤 6：查看独立模型位移结果，垂点位置的竖向位移为 2mm。

> 注：此处计算位移是理想平衡状态的位移，位移较小仅代表精确平衡分析求解的精度比较高而已。真实桥梁的受力和变形要根据累加模型计算得到。

步骤 7：查看累加模型位移结果。将施工阶段分析控制修改为累加模型，垂点位置的竖向位移为197mm。

> 注：此时位移变大的主要原因是主塔的压缩和主梁的压缩，即平衡单元分析控制求得了一种理想状态，此理想状态的塔高和梁长为成桥状态，但累加模型以建模坐标作为分析基准，成桥后必然被压缩。

（5）修正塔高及梁长

步骤 1：主梁、桥塔升温。点击"**荷载 > 荷载类型 > 温度/预应力**"。点击"**荷载 > 温度荷载 > 单元温度**"。选择主梁单元，输入 15℃，选择桥塔单元（不含横梁，仅塔柱），输入 28℃。模型中主塔的补偿主要是轴向上面，主塔的横梁可以不需要温度补偿的。

步骤 2：查看修正后位移结果，垂点位置的竖向位移为 14mm。

> 注：修正桥塔及主梁的位置采用升温方法的好处是查看时变形仍以成桥（建模）位置为基准。实际建设桥塔及主梁需要做预抛高与增大梁长的方法。模拟时可以通过修改节点坐标实现。但查看变形将不以 0 作为目标，相对比较复杂。另外如果想进一步修正模型，需要考虑主梁架设时的竖向标高。一般情况下，主梁架设时需做预拱度。本文由于阐述动力分析，模型调整至此已足够满足动力分析的基本要求。

3 前处理——施加非线性边界及动力荷载

3.1 施加非线性边界并调整模型

> 注：本实例涉及的非线性边界包括只受压的抗风支座及黏滞阻尼器。只受压抗风支座通过单元类型弹簧实现，阻尼器通过程序内置的内力类型黏弹性消能器实现。

（1）施加只受压抗风支座

步骤 1：设置只受压一般连接特性值。点击"**边界 > 一般连接 > 一般连接特性值**"，名称为"**抗风支座**"，单元1，下拉菜单选择"**弹簧**"，线性特性值中的D_x刚度为1116135.2N/mm，如图 5-53 所示。点击"**非弹性铰特性值**"，名称为"**只受压边界**"，单元类型为"**一般连接**"，成分为F_x，滞回模型为"**滑移模型 > 滑移双折线只受压**"，如图 5-54 所示。点击"**特性值**"，屈服强度为 1×10^9 N/mm，初始刚度为 1116135.2N/mm，如图 5-55 所示。

> 注：抗风支座一般采用板式橡胶支座，由于支座位于主梁左右两侧，地震作用下，其必然呈现只受压的特性。支座刚度可以按表 5-6 估算其值。

支座刚度计算表　　　　　　　　　　　表 5-6

参数	参数含义	数值	参数	参数含义	数值
G（MPa）	剪切模量	1	E（MPa）	抗压弹性模量	495.9
d_0（mm）	钢板直径	690	A（mm²）	承压面积	384845.1
t_1（mm）	单层橡胶厚度	18	L（mm）	支座净高	171
S	形状系数	9.58	K（kN/m）	竖向抗压刚度	1116135.2

注：1. 支座型号为 100-171。
　　2. $S = d_0/(4t_1)$，$E = 5.4GS^2$（$5 \leqslant S \leqslant 12$），$K = EA/L$。

图 5-53 定义一般连接

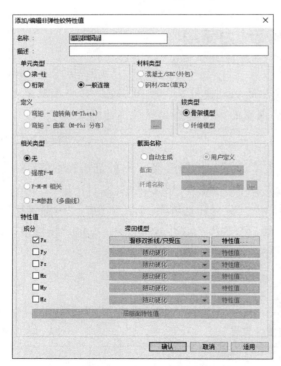

图 5-54 定义非弹性铰特性值

图 5-55 定义恢复力模型

步骤 2：建立主塔上抗风支座节点（图 5-56）。点击**"节点/单元 > 单元 > 扩展"**。选择桥塔下横梁处对应主梁节点，任意间距，方向 y，间距为**"40，−80"**，点击**"适用"**。删除树形菜单大位移及小位移表格（否则不允许交差分割单元），点击**"节点/单元 > 单元 > 交叉分割"**。选择塔柱单元与新建单元，点击**"适用"**。选择新建辅助单元，使用 DEL 键删除。

步骤3：施加只受压边界（图5-57）。点击"**边界 > 连接 > 一般连接 > 一般连接**"。边界组选择"**边界组 1**"，一般连接特性值名称为抗风支座，勾选"**非弹性铰特性值**"，下拉选择"**只受压边界**"，复制一般连接X方向，间距300m，点选桥塔节点及主梁节点建立连接。

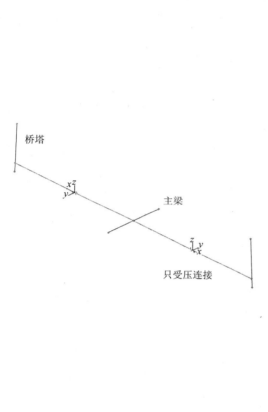

图5-56 模拟抗风支座

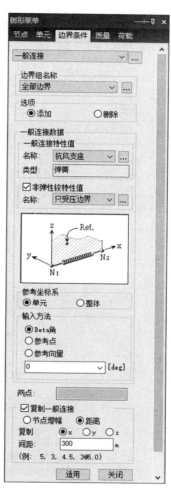

图5-57 施加抗风支座一般连接

> 注：将抗风支座命名到边界组1的目的是在第二个施工阶段施加，这样施工阶段抗风支座的内力几乎为0。如果第一施工阶段与升温荷载一起施加，此处会存在变形不协调带来的附加内力，与实际不符。除此以外施加温度荷载时可不选择横梁单元，仅给塔柱升温。

（2）施加阻尼器边界

步骤1：设置阻尼器一般连接特性值。点击"**边界 > 一般连接 > 一般连接特性值**"。名称为阻尼器，勾选"**内力**"选项，下拉菜单选择"**粘弹性消能器**"，线性特性值中的D_z刚度为0kN/m，如图5-58所示。非线性特性值参数消能器阻尼、阻尼指数、连接弹簧刚度分别输入"**3000、0.4、$1×10^3$**"，如图5-59所示。

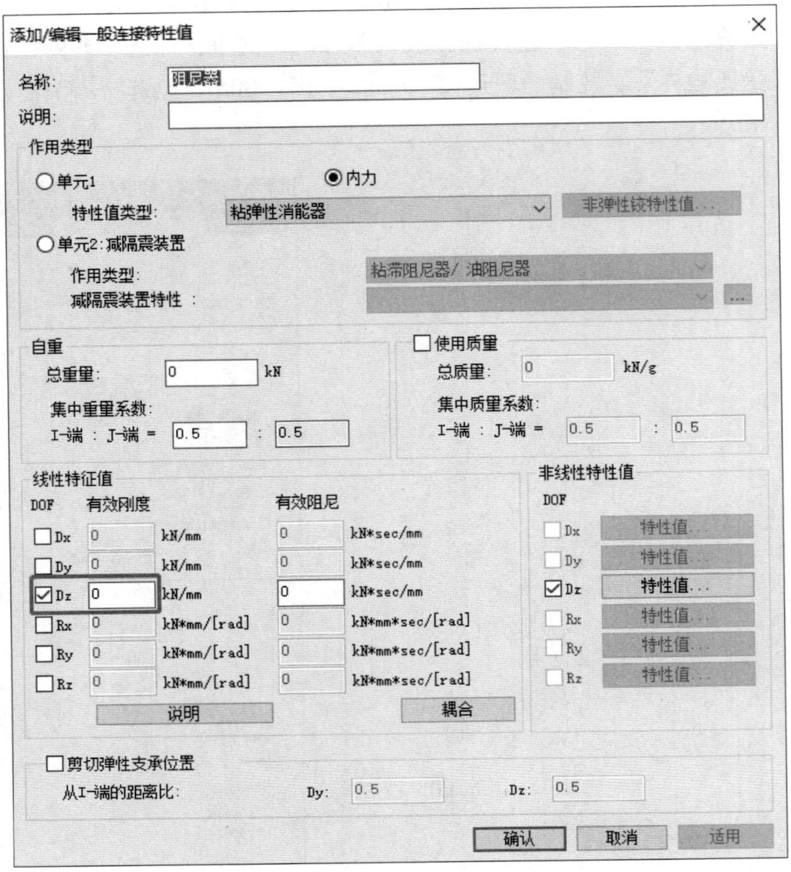

图 5-58 阻尼器类型选择

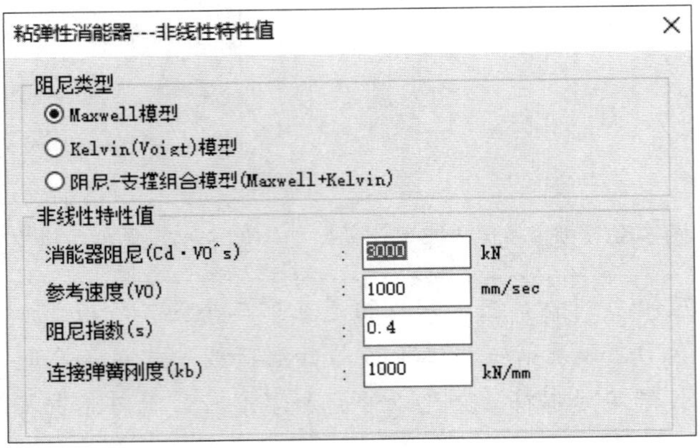

图 5-59 阻尼器参数

注：此处输入的线性刚度为 0，表示计算线性内容不考虑阻尼器的贡献，包括计算结构周期时阻尼器依然认为不提供结构刚度贡献。由于黏滞阻尼器只有在速度达到一定值后其作用效应才会显现出来，类似家用车的安全带，只有遇到猛烈拉伸才会锁紧，小变形时可以自由活动。

步骤2：建立阻尼器上下节点。点击"**节点单元 > 节点 > 复制移动**"。选择桥塔下横梁处对应主梁节点，任意方向z，间距输入–3.5，点击"**适用**"。

选择新建节点，任意方向y，间距输入"**6，–12**"，点击"**适用**"。选择中间节点DEL键删除。

选择新建节点，任意方向z，间距输入–4.5，勾选交叉分割单元，点击"**适用**"。

选择新建阻尼器上下四节点，选择"**复制**"选项，勾选"**交叉分割单元**"，任意方向x，间距输入300，点击"**适用**"建立另一侧桥塔阻尼器相关节点。

步骤3：建立阻尼器上节点与主梁连接（图5-60）。

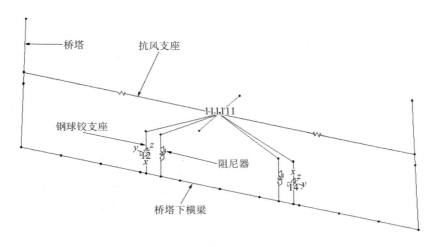

图5-60 横梁位置支座布置

点击"**边界 > 连接 > 刚性连接**"。边界组选择"**全部边界**"，主节点选择桥塔下横梁对应主梁节点，选择阻尼器上节点，选择刚性约束所有方向，复制刚性连接，x方向，间距300m，点击"**适用**"。

点击"**边界 > 连接 > 一般连接 > 一般连接**"。边界组选择"**全部边界**"，一般连接特性值选择"**阻尼器**"，复制一般连接，x方向，间距300m，点选新建阻尼器上下节点。

（3）调整模型

步骤1：结构组中加入新建阻尼器节点。选择全部单元节点，拖拽"**全部结构**"结构组至模型窗口。

步骤2：删除主梁对称中心约束。点击"**边界 > 边界 > 一般支承**"，下拉菜单边界组选择"**全部边界**"，选择主梁对称中心节点，选择删除，点击"**适用**"。

步骤3：折减桥塔刚度（图5-61）。点击"**特性 > 截面 > 截面管理器 > 刚度**"，点选目录树中"**主塔（上塔柱）**"截面中的任意单元，I_{yy}、I_{zz}折减0.8倍，边界组选择"**全部边界**"。对"**主塔（下塔柱）**"截面进行同样操作。

步骤4：恢复小变形初始单元内力表格（图5-62）。在施工阶段分析控制中勾选"将最终阶段构件内力转换为……"，运行分析。

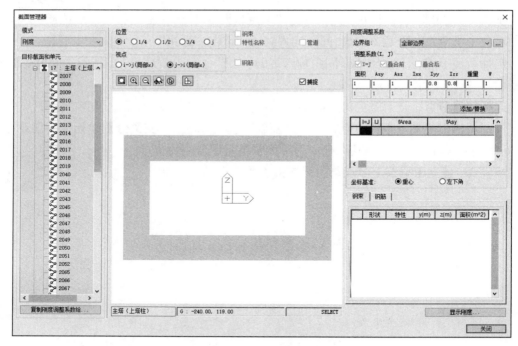

图 5-61 折减桥塔刚度

注：将桥塔刚度折减 0.8 倍是考虑 E2 地震作用下截面开裂刚度降低。但是否整个桥塔全部开裂是值得商榷的问题。目前从操作层面可以实现任意的刚度折减方式。从可行性角度全部桥塔都按 0.8 处理也是规范推荐的做法。

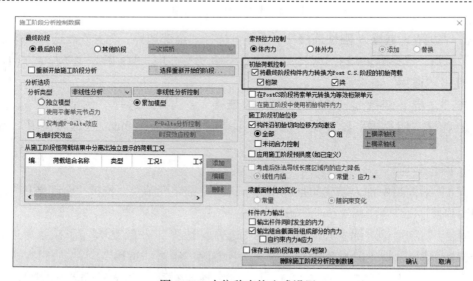

图 5-62 小位移表格生成设置

注：此步骤的目的是索单元进行特征值分析、时程分析时需要用到小位移表格中的内力，以便用其修正刚度进行线形计算。勾选此项后程序将自动将最后一个施工阶段的内力存储起来，以便做类似"恩斯特修正"的处理。

勾选此项后可通过以下方式查看生成的数据：点击"**荷载 > 静力荷载**"。点击"**荷载 > 初始荷载其它 > 初始荷载 > 小位移 > 初始荷载（CS）**"。

步骤5：增加索鞍与塔顶顺桥向固接约束。点击"**边界 > 连接 > 弹性连接**"，边界组名称为"**边界组 1**"，固定约束所有方向自由度，点选索鞍主缆节点与桥塔顶部节点，复制弹性连接，方向X，距离300m。另一侧边界采用同样的方法施加。

步骤6：新建施工阶段。增设索鞍固接施工阶段，激活边界组1，如图5-63所示。

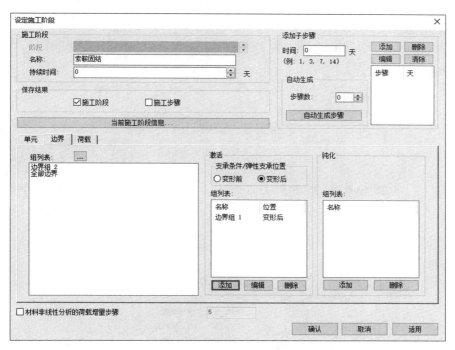

图5-63 新建施工阶段激活边界组1

> 注：将主缆索鞍位置与主塔固接的目的是为了模拟实际结构中存在的抗滑移装置。而静力分析时释放水平约束的目的是为了求解最优状态。最优状态确定后，需要根据实际的施工过程分阶段顶推索鞍，最终达到安装位置，使用阶段索要满足抗滑移状态的要求。

3.2 计算结构周期与振型

步骤1：将自重转换为质量（图5-64）。点击"**结构 > 类型 > 结构类型**"，勾选"**将自重转换为质量**"。

步骤2：将其余荷载转换为质量（图5-65）。点击"**荷载 > 荷载类型 > 静力荷载**"。点击"**荷载 > 结构荷载质量 > 将荷载转化为质量**"。荷载工况选择"**自重**"，添加。

> 注：动力模型二期荷载和自重都属于一个范畴，本模型将其简化至一个荷载工况中。

步骤3：定义特征值分析（图5-66）。点击"**分析 > 分析控制 > 特征值**"。勾选"**多重Ritz向量法**"，初始荷载工况为：地面加速度X，初始向量数量为50；地面加速度Y，初始向量数量为50；地面加速度Z，初始向量数量为50。

| 图 5-64 自重转换质量 | 图 5-65 二期等其余荷载转换质量 |

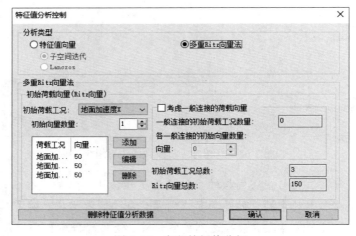

图 5-66 定义特征值分析

步骤 4：运行程序，查看周期结果。点击**"结果 > 模态 > 振型 > 振型形状"**。选择 mode1 点击**"适用"**，通过模型窗口可以查看模态形状（图 5-67、图 5-68），通过**"结果表格 > 周期与振型"**可以查看各阶模态的特性值（图 5-69、图 5-70）。

图 5-67 纵桥向 1 阶模态形状

图 5-68 纵桥向 34 阶模态形状

模态号	频率		周期
	(rad/sec)	(cycle/sec)	(sec)
1	0.771108	0.122726	8.148255
2	2.507857	0.399138	2.505401
3	2.615718	0.416304	2.402088
4	3.141760	0.500027	1.999894
5	3.434120	0.546557	1.829635
6	3.510306	0.558682	1.789925
7	3.759214	0.598297	1.671409
8	3.834884	0.610341	1.638429
9	3.949732	0.628619	1.590788
10	4.156599	0.661543	1.511617

图 5-69 各阶模态周期

模态号	TRAN-X Value	TRAN-Y Value	TRAN-Z Value	ROTN-X Value	ROTN-Y Value	ROTN-Z Value
1	94.67	0.00	0.00	0.00	5.33	0.00
2	0.00	0.00	99.99	0.00	0.01	0.00
3	94.17	0.01	0.54	0.01	5.27	0.00
4	0.00	43.53	0.00	56.47	0.00	0.00
5	0.00	0.00	0.00	0.00	0.00	100.00
6	0.00	37.70	3.50	58.62	0.03	0.16
7	0.00	25.88	0.00	74.12	0.00	0.00
8	0.02	0.17	0.00	0.57	0.01	99.24
9	0.00	0.00	0.00	0.00	0.00	100.00
10	1.75	12.02	4.62	63.72	7.31	10.59

图 5-70 各阶模态振型方向因子

> 注：振型方向因子可以判断各阶模态的振动方向，瑞利阻尼输入的周期应为验算构件方向上的首阶模态和高阶可能模态。高阶振型的取法目前没有比较明确的结论，理论上可以用反应谱试算得到，计入第 n 阶振型后，计算控制值达到最大值的 90%，此时的 n 阶可作为瑞利阻尼的计算取值。

3.3 施加地震动力作用

根据《公路桥梁抗震设计规范》（JTG/T 2231-01—2020）第 5.1.4 条，A 类桥梁、抗震设防烈度为Ⅸ度地区的 B 类桥梁，应根据专门的工程场地地震安全性评价确定地震作用。抗震设防烈度为Ⅷ度地区的 B 类桥梁，宜根据专门的工程场地地震安全性评价确定地震作用。

本桥属于 A 类桥梁，故已进行地震安全性评价。地震安全性评价报告提供计算所需的地震时程数据，据此施加地震动力作用。

需要特别注意的是，地震安全性评价报告中提供的地震波单位多为 gal，而程序需要输入 g 的无量纲系数。1gal = 0.01m/s^2，1g = 9.806m/s^2，因此 1g = 980gal。

步骤 1：整理时程波数据文件。

> 注：地震安全性评价单位提供的时程波数据文件需转换为 midas Civil 可识别的文档，需将报告给出文档的后缀名修改为"sgs"。除此以外，文档数据的头尾需加特殊字符，具体字符见图 5-71。
>
> 图 5-71 的数据格式单位为 g，如地震安全性评价报告提供文档的单位是 gal 或其他单位，需将其导入 Excel 转换单位后，通过复制粘贴的方法导入程序。

步骤 2：导入时程波数据（图 5-72）。点击"**荷载 > 荷载类型 > 地震作用**"。点击"**荷载 > 时程分析数据 > 时程函数**"。

添加时程函数，名称为"**纵向地震波**"，点击"**导入**"按钮，选择整理好的纵向地震波 sgs 文件，点击"**确认**"完成导入。

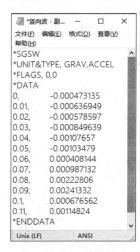

图 5-71　sgs 文档数据格式

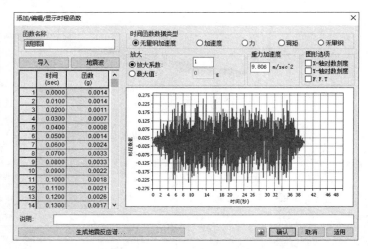

图 5-72　导入地震时程数据

采用同样的方法导入竖向及水平向时程数据。

> 注：此处时程函数表格可以和 Excel 互相粘贴，如原始数据在 Excel 中，可通过复制粘贴的方式实现导入。

步骤 3：定义时程荷载工况（图 5-73、图 5-74）。点击"**荷载 > 荷载类型 > 地震作用**"。点击"**荷载 > 时程分析数据 > 荷载工况**"。

图 5-73　时程荷载工况

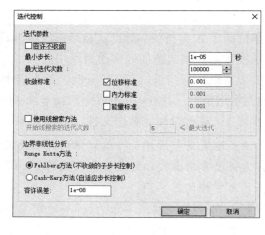

图 5-74　时程荷载工况迭代控制

名称为"**时程计算**",分析类型选择"**非线性**",分析方法选择"**直接积分法**",分析时间为40s,初始荷载(整体控制)下拉菜单选"**按加载顺序进入**",勾选"**接续前次**",荷载工况下拉菜单选择"**CS:施工合计**",阻尼计算方法下拉菜单选择"**质量和刚度因子**",勾选"**从模型阻尼中计算**",点选周期输入"**8.125,0.651**",阻尼输入"**0.02,0.02**",点击"**迭代控制**"按钮,取消选择"**容许不收敛**",最大迭代次数输入$1×10^5$。

> 注:(1)一般分析时间取时程数据的总时长,如果时程波尾部有很长的较低幅值数据,也可以仅计算有效时长的时程数据。
> (2)接续前次的目的是查看时程计算结果时已包含恒载效应。目前对于桥梁结构接续施工阶段合计是最有效和方便的接续方式,特别对于一些内力与施工工艺有关的桥梁,必须建立施工阶段。
> (3)规范建议阻尼计算方法采用瑞利阻尼,质量和刚度因子即为瑞利阻尼。阻尼比与材料、结构形式、施工工艺等内容息息相关,规范结合既有经验明确给出悬索桥计算阻尼比不得大于0.02,本次计算按0.02取值。
> (4)收敛标准中增大最大迭代次数的目的是为了避免得到不收敛的结果。通过观察迭代次数可以排除不收敛情况的发生。如果某一荷载步迭代次数不断增加而步骤不增加,说明发生不收敛的情况。

步骤4:施加地面加速度(图5-75)。点击"**荷载 > 荷载类型 > 地震作用**"。点击"**荷载 > 时程分析数据 > 地面**"。

X方向时程分析函数选择纵向波;Y方向时程分析函数选择水平波;Z方向时程分析函数选择竖向波。点击"**添加**"。

> 注:(1)地震波有"组"的概念,一组地震波里含有三条地震波,分别是水平两个方向和竖向的地震波。严格意义上地震波的方向还应包括震动方向与桥位的关系。程序可以输入水平地面加速度的角度解决上述问题。如若无法确定地震波和桥位的角度问题,可以试算多个角度取不利结果。
> (2)需要特别注意,如果安评单位提供的地震波没有按组给出,仅是几条波,那么一定要避免同时输入两条水平地震波的情况,因为这样相当于将两个合力又作为分力施加到桥梁结构上,对于直桥影响不大,但对于弯桥和斜桥是不恰当的。此时可以单独输入某一水平方向的地震波和竖向地震波进行单向地震效应的验算。

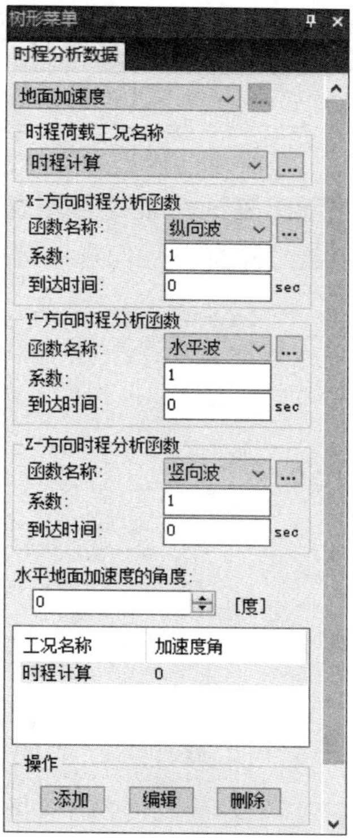

4 后处理

4.1 查看阻尼器及只受压抗风支座滞回曲线

步骤1:查看阻尼器滞回曲线(图5-76)。点击"**结果 > 时程 > 时程图表文本 > 时程图表 > 一般连接图表**",一般连接的选择中选择7号连接,成分选择"**Fz-Dz(NL)**",

图5-75 定义地面运动

点击"**添加**",勾选选择函数中新定义的函数,点击"**图表**"按钮。

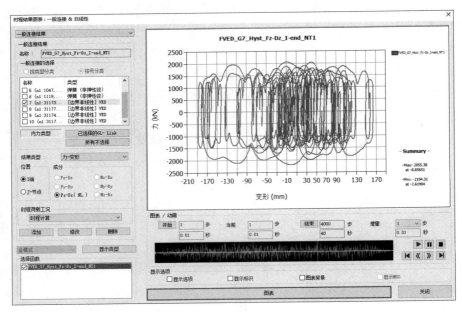

图 5-76 阻尼器滞回曲线

> 注:图形显示窗口右下角给出最大阻尼力及对应的变形值,点击图形窗口右键可以将图表保存到 Excel。

步骤 2:查看只受压支座滞回曲线(图 5-77)。点击"**结果 > 时程 > 时程图表文本 > 时程图表 > 一般连接图表**"。一般连接的选择中选择 3 号连接,成分选择"**Fx-Dx(NL)**",点击"**添加**",勾选"**选择函数中新定义的函数**",点击"**图表**"按钮。

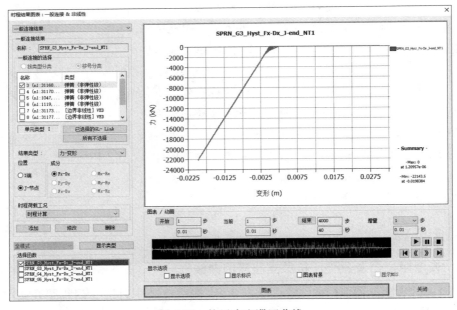

图 5-77 抗风支座滞回曲线

> 注：查看滞回曲线的目的是检查模型中非线性边界的动力效应。由图 5-77 可以明显看出，支座在动力荷载下只有压力，这与设置此支座的构想基本吻合。而对于减隔震支座和阻尼器这类非线性边界，其滞回曲线的大体形态也是相对固定的，如果计算得到的形态与之不符，可能模型中存在一些不恰当的模拟方法，应予以修正。

4.2 阻尼器相关参数敏感性分析及阻尼器行程的确定

（1）阻尼器相关参数敏感性分析

> 注：一般在选择阻尼器型号前需要进行相关参数的敏感性分析，主要考虑的参数是阻尼系数以及速度指数。本次分析阻尼系数主要考虑 2000、3000、4000 三种，速度指数考虑 0.3、0.4 两种。

步骤 1：修改阻尼器参数。点击"**工作树边界条件节点 > 一般连接特性值 > 阻尼器[粘弹性消能器]**"。右键选择"**特性**"，打开阻尼器设置窗口，非线性特性值D_z中修改阻尼系数及速度指数，如图 5-78 所示。

步骤 2：运行分析并查看位移结果。点击"**结果 > 结果 > 变形**"，选择荷载工况"**THALL：时程计算**"，变形为D_x，勾选"**数值**"，点击"**详细输出设置**"，将小数位数修改为 0。

步骤 3：查看主塔柱底部（基座处）弯矩及剪力。点击"**结果 > 结果 > 内力 > 梁单内力图**"，勾选M_z，点击详细输出设置，将小数位数修改为 0，显示角度选为 0，如图 5-79 所示；勾选F_y，点击详细输出设置，将小数位数修改为 0，显示角度选为 0。

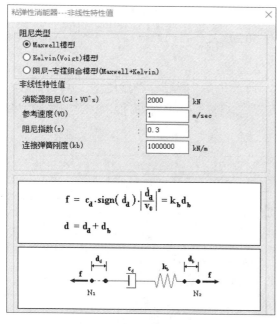

图 5-78 修改阻尼器参数

图 5-79 设置输出值

步骤 4：查看阻尼器阻尼力。点击"**结果 > 时程 > 时程图表文本 > 时程图表 > 一般连接图表**"。一般连接的选择中选择 7 号连接，成分勾选"**Fx-Dx（NL）**"，点击"**添加**"，勾选选择函数中新定义的函数，点击"**图表**"按钮。

查看上述结果后整理数据至 Excel，修改阻尼系数或阻尼指数，进一步整理数据，见表 5-7、表 5-8。

阻尼指数为 0.3 的计算结果　　　　　　　　　　　　　表 5-7

阻尼系数	主梁位移（m）	塔顶位移（m）	塔底弯矩（kN·m）	弯矩比值	塔底剪力（kN）	阻尼力（kN）
2000	0.245	0.264	334063	100.0%	10222	1633
3000	0.179	0.197	249194	74.6%	10365	2321
4000	0.137	0.147	234002	70.0%	10283	2927

阻尼指数为 0.4 的计算结果　　　　　　　　　　　　　表 5-8

阻尼系数	主梁位移（m）	塔顶位移（m）	塔底弯矩（kN·m）	弯矩比值	塔底剪力（kN）	阻尼力（kN）
2000	0.272	0.291	360670	100.0%	10870	1556
3000	0.208	0.226	285582	79.2%	10303	2200
4000	0.162	0.179	227114	63.0%	10173	2763

注：1. 上述对比很好地反映阻尼器的工作原理，阻尼系数越大，主梁的位移和塔顶的位移越小。由于总的地震作用基本是恒定的，没有设置阻尼器时主塔底部的地震效应主要来自自身质量造成地震力和索鞍位置传递的力。设置阻尼器后，部分主梁的地震作用，通过阻尼器传至横梁，再传至塔底。显然横梁的力臂比索鞍小很多，故随着阻尼系数的增加塔底的地震力会明显降低。因此下塔柱的高度对于阻尼器的效应有着显著的影响。
2. 阻尼器敏感性分析的目的是通过计算确定阻尼器的基本参数，包括阻尼系数、阻尼指数、阻尼力等。比较的目标值主要塔梁的变形以及塔底弯矩和剪力值，除此以外还要考虑阻尼器的制作工艺等问题。经上述比较，最终阻尼系数采用 3000，阻尼指数选择 0.3，是相对理想的参数。与阻尼器厂家沟通时还应提供 2321kN 的阻尼力作为其制作参数。

（2）阻尼器行程的确定

> 注：阻尼器行程应满足地震作用与 50% 温度作用的组合效应，故需要在模型中施加温度作用。

步骤 1：定义温度荷载工况（图 5-80）。点击"**荷载 > 荷载类型 > 静力荷载**"。点击"**荷载 > 建立荷载工况 > 静力荷载工况**"。名称输入"**整体升温**"，类型选择"**温度荷载（T）**"，点击"**添加**"。

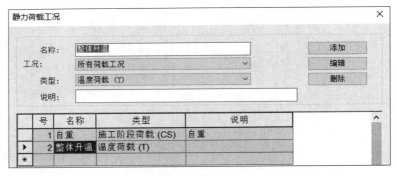

图 5-80　定义温度荷载工况

步骤 2：施加温度荷载。点击"**荷载 > 荷载类型 > 温度/预应力**"。点击"**荷载 > 温度荷载 > 单元温度**"。选择桩基以外单元，输入"25℃"。

步骤3：查看地震荷载作用下阻尼器最大相对位移（图5-81～图5-84）。点击"**结果 > 时程图表/文本 > 时程图形**"。

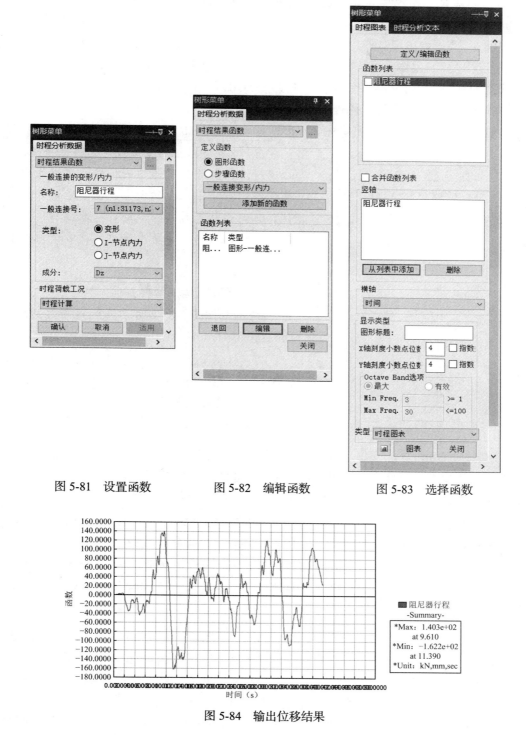

图 5-81　设置函数　　　图 5-82　编辑函数　　　图 5-83　选择函数

图 5-84　输出位移结果

点击"**定义编辑函数**"按钮，位移速度加速度下拉菜单选择"**一般连接变形/内力**"，点击"**添加新函数**",名称输入阻尼器行程,一般连接号选择 7,点击"**确定**"。返回时程分析数据面板点击"**返回**"按钮,时程图表面板中勾选新定义的阻尼器行程函数,点击"**从列表中添加**"按钮,点击"**图表**"按钮查看生成图形,右下角显示的最大位移为 -162mm。

步骤 4:查看温度荷载作用下阻尼器最大相对位移。点击"**结果 > 结果 > 变形**",选择荷载工况"**ST:整体升温**",变形勾选"D_x",勾选数值,点击详细输出设置,将小数位数修改为 0。查看阻尼器两端的纵向位移差为 $-45+4=-41\text{mm}$。

步骤 5:计算阻尼器计算行程。

计算行程 = 地震作用行程 + 50% 温度行程 = $162+0.5\times41=183\text{mm}$

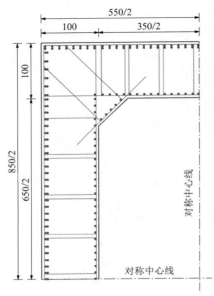

图 5-85 塔柱底配筋图(尺寸单位:mm)

> 注:①在查看位移结果或者内力结果时,可以通过激活钝化结构组中的桥塔、主梁等内容简化模型窗口中显示的内容,便于查看相关数值;②输出结果时,可以通过修改显示变形选项、数值选项、显示角度等内容更方便地查看结果。

4.3 桥塔柱强度验算

桥塔配筋如图 5-85 所示,主筋直径为 32mm,箍筋直径为 16mm。

> 注:根据《公路桥梁抗震设计规范》(JTG/T 2231-01—2020)第 9.4.1 条条文说明,在 E2 地震作用下,桥塔截面和桩基截面要求其在地震作用下的截面弯矩应小于截面等效抗弯屈服弯矩 M_y(考虑轴力)。

基于上述要求,需计算塔柱底部截面的 $M\text{-}\phi$ 曲线,从而得到强度允许值。

(1)计算桥塔柱底部箱形截面 $M\text{-}\phi$ 曲线

> 注:由于定义混凝土本构(Mander)需要给截面配筋,且目前 Mander 本构的既有资料大多仅为矩形或圆形截面,故将箱形截面简化为矩形截面。考虑到 Mander 本构的核心思想是箍筋对核心区混凝土的约束作用,而对于箱形截面,其箍筋围绕四壁配置,故可考虑将箱形的某一边作为独立的矩形截面,用其 Mander 本构作为整个截面的代表。

midas Civil 程序目前只能对称配置纵向钢筋,与本桥的配筋形式也不一致,可考虑保证总配筋量一定,均分到两条对称边。但特别注意,计算 $M\text{-}\phi$ 曲线时不可采用均分原则,需要根据实际配筋布设钢筋进行计算。

步骤 1:制作桥塔底部截面验算所需简化模型。简化模型仅需两个单元,上部单元采用简化矩形截面,下部单元采用实际箱形截面。无须建立荷载和边界条件,简化模型如图 5-86 所示。

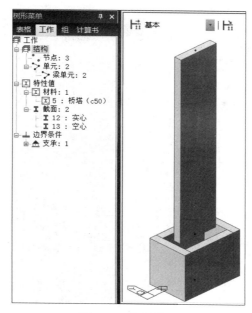

图 5-86　简化模型

步骤 2：截面配筋（图 5-87、图 5-88）。规范选择"CJJ 166—2011"，点击"设计 > 设计 > RC 设计 > 混凝土构件设计钢筋"。

注：此时规范必须选择抗震相关规范，不然箍筋只有单向输入内容。

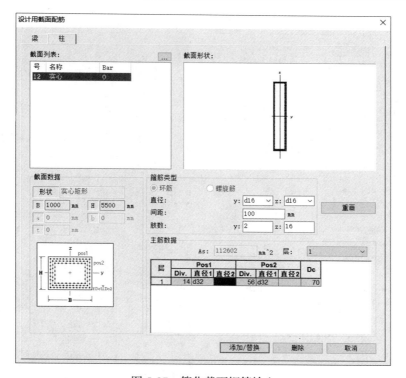

图 5-87　简化截面钢筋输入

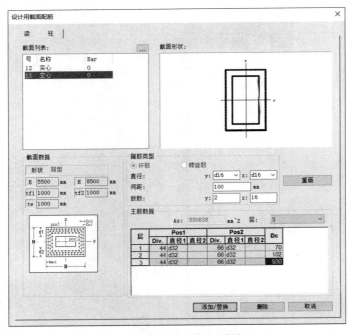

图 5-88 塔柱底截面钢筋输入

步骤 3：定义无约束混凝土本构（图 5-89）。点击"**特性 > 塑性材料 > 弹塑性材料 > 非弹性材料特性值**"。滞回模型选择 Mander 模型，名称输入"**无约束混凝土**"，勾选"**无约束混凝土**"，点击"**导入钢筋材料和截面数据**"，选择"**桥塔（C50）**"，将无约束混凝土抗压强度修改为 45MPa。

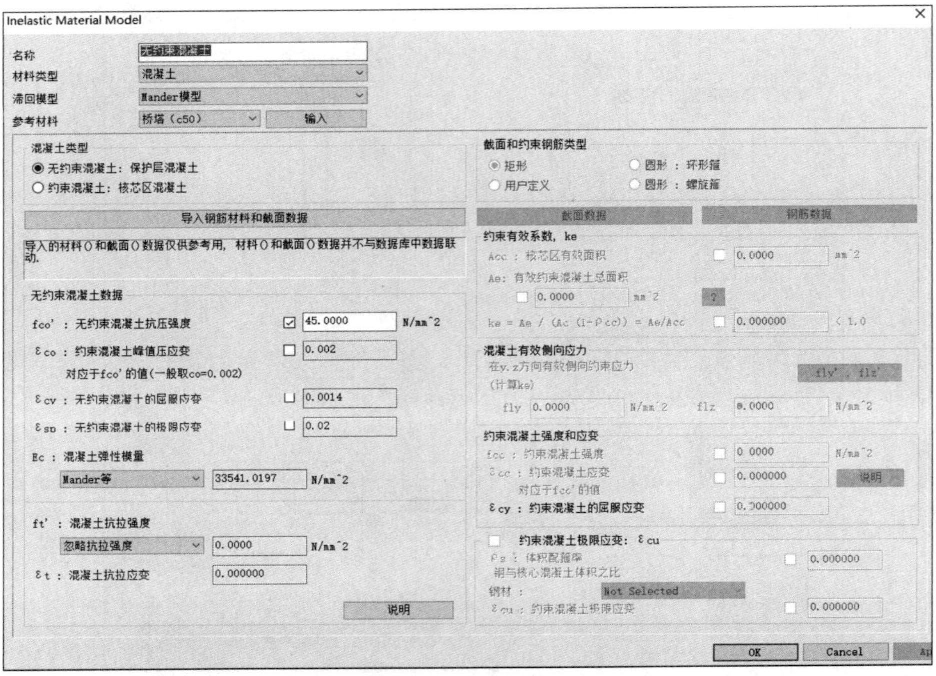

图 5-89 定义无约束混凝土

步骤 4：定义约束混凝土本构（图 5-90、图 5-91）。继续添加特性值，将混凝土类型修改为约束混凝土，点击"**导入钢筋材料和截面数据**"，选择"**桥塔（C50），实心截面**"，将抗压强度修改为 45MPa，将极限压应变修改为 0.049。

> 注：Mander 本构中的无约束混凝土强度为圆柱体抗压强度，其与现行规范强度转换系数可根据 0.85 倍的转换关系和新旧混凝土强度转换公式计算得到，常用下部结构抗震计算可取 0.9。

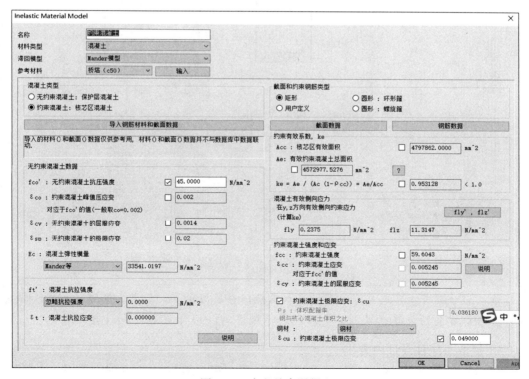

图 5-90　配筋率中间结果

图 5-91　定义约束混凝土

计算 Mander 本构的混凝土极限压应变应按《公路桥梁抗震设计规范》（JTG/T 2231-01—2020）第 7.4.8 条计算得到，见表 5-9，其中配筋率可通过查看模型的中间结果（图 5-90）得到。

约束混凝土极限压应变ε_{cu}计算表　　　　表 5-9

参数	ρ_{sy}	ρ_{sz}	ρ_s	f_{kh}（MPa）	ε_{su}^R	f_{ck}（MPa）	f'_{cc}（MPa）	ε_{cu}
数值	0.00074	0.0354	0.0362	400	0.09	32.353	40.4	0.049

注：ρ_s-约束钢筋的体积含筋率，对于矩形箍筋，$\rho_s = \rho_{sy} + \rho_{sz}$；$\rho_{sy}$、$\rho_{sz}$-分别为顺桥向与横桥向箍筋体积含筋率；$f_{kh}$-箍筋抗拉强度标准值（MPa）；$\varepsilon_{su}^R$-约束钢筋的折减极限应变，取 0.09；$f_{ck}$-混凝土抗压强度标准值（MPa）；$f'_{cc}$-约束混凝土的峰值应力（MPa），一般情况下可取 1.25 倍的混凝土抗压强度标准值。

步骤 5：定义钢筋本构。继续添加特性值，将材料类型选择为钢筋，滞回模型选择为双折线模型，名称输入"**钢材**"，f_y 为 400N/mm^2，E1 输入"2×10^5"，E2/E1 输入"0.01"。

步骤 6：测试 M-ϕ 曲线计算结果。点击"**特性 > 弹塑性材料 > 弯矩曲率**"，名称输入"**测试**"，截面为空心，轴力为 164000kN，勾选"**显示理想化模型**"，点击"**计算**"，计算结果如图 5-92 所示。

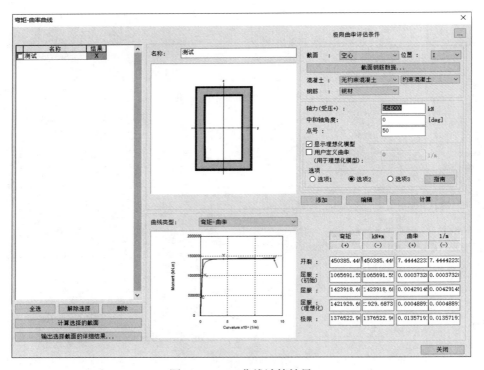

图 5-92　M-ϕ 曲线计算结果

注：M-ϕ 曲线计算工具可以通过添加功能保存已经计算的结果，通过输入中和轴角度计算任意方向的计算结果，本实例 0°表示纵桥向、90°表示横桥向计算结果。

（2）提取下塔柱设计内力

步骤 1：提取下塔柱纵、横桥向弯曲内力（图 5-93、图 5-94）。新建结构组，选择验算下塔柱底部单元，拖拽赋值（便于后续查看）。

图 5-93 设置输出内容

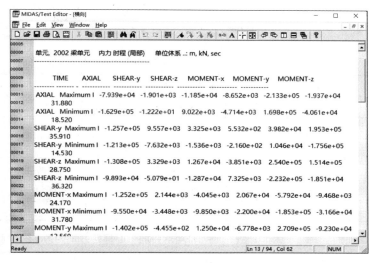

图 5-94 并发内力结果输出

> 注：输出的文本结果表头表示内力成分，每一行表示一种并发结果，例如第一行表示轴力最大 2002 单元 i 端的并发内力。由于横向地震作用瑞利阻尼考虑的周期与纵向不同，应另存模型，修改周期后得到横桥向桥塔底部设计内力。

点击"**结果 > 时程 > 时程图表文本 > 时程文本**"，选择下拉菜单中的"**单元分析结果**"，结果类型选择"**内力**"，输出方式选择"**同时截面内力**"，输出时间步骤为 0～40s，选择单元，双击新建结构组选择桥塔柱底部单元，点击"**适用**"，整理后可得到纵、横桥向最不利并发内力情况。

步骤 2：计算所需等效屈服弯矩（根据上步轴力）。本实例计算结果见表 5-10、表 5-11。

2002 号单元纵桥向桥塔底部截面验算表　　　　　　　　　　　表 5-10

内力	轴力（kN）	弯矩M_z（kN·m）	等效屈服弯矩（kN·m）	比值（安全储备）
最大轴力	77340	−26200	1129909	−43.1
最小轴力	164000	−38150	1421929	−37.3
Z 向最大弯矩	119600	207100	1274644	6.2
Z 向最小弯矩	130900	−238000	1307368	−5.5

2002 号单元横桥向桥塔底部截面验算表　　　　　　　　　　　表 5-11

内力	轴力（kN）	弯矩M_y（kN·m）	等效屈服弯矩（kN·m）	比值（安全储备）
最大轴力	79390	−213300	743209	−3.5
最小轴力	162900	169800	923599	5.4
Y 向最大弯矩	140200	270900	876193	3.2
Y 向最小弯矩	104800	−233900	800298	−3.4

注：桥墩强度验算不应仅验算墩底，下横梁等截面均为控制截面，均需验算，由于篇幅有限，其余截面不再罗列。

4.4 桩基础验算所需承台底中心内力的提取

桩基内力提取的方式与塔柱底部内力一致，只是将提取单元修改为承台单元，关注节点为单元底部节点。本实例桥塔承台底中心内力见表 5-12、表 5-13。

桥塔承台底中心纵向并发内力　　　　　　　　　　　表 5-12

项目	轴力（kN）	剪力（kN）	弯矩（kN·m）
最小轴力	-485900	-14050	499100
最大轴力	-301400	-17000	984700
最大剪力	-373200	45990	-1030000
最小剪力	-375400	-44680	880000
最大弯矩	-390800	-30050	1559000
最小弯矩	-382000	20690	-1491000

桥塔承台底中心横向并发内力　　　　　　　　　　　表 5-13

项目	轴力（kN）	剪力（kN）	弯矩（kN·m）
最小轴力	-485900	25730	-143600
最大轴力	-301400	-13970	187400
最大剪力	-478700	35420	-421300
最小剪力	-347900	-34060	162700
最大弯矩	-403300	-10840	467200
最小弯矩	-444900	30560	-462900

注：获得承台底中心内力后，可根据相关规范进行桩基长度和桩基配筋的验算。由于本例模拟桩基础采用 m 值法，仅模拟了桩基础的侧向刚度，这对于地震作用分析是足够的，但对于桩长和桩在土中最大弯矩的分析是不足的，故不建议直接读取模型中的桩身内力进行验算。建议采用基础工程相关公式进行后续验算。桩基承载能力依然可根据规范采用 M-ϕ 曲线的等效屈服弯矩求得。

参 考 文 献

[1] 中华人民共和国交通运输部. 公路桥梁抗震设计规范: JTG/T 2231-01—2020[S]. 北京: 人民交通出版社股份有限公司, 2020.

[2] 中华人民共和国住房和城乡建设部. 城市桥梁抗震设计规范: CJJ 166—2011[S]. 北京: 中国建筑工业出版社, 2011.

[3] 中华人民共和国交通运输部. 公路桥梁抗震性能评价细则: JTG/T 2231-02—2021[S]. 北京: 人民交通出版社股份有限公司, 2021.

[4] 中华人民共和国住房和城乡建设部. 建筑抗震设计规范 (2016 年版): GB 50011—2010 [S]. 北京: 中国建筑工业出版社, 2016.

[5] 中华人民共和国建设部. 铁路工程抗震设计规范 (2009 年版): GB 50111—2006 [S]. 北京: 中国计划出版社, 2009.

[6] 丁洁民, 吴宏磊. 减隔震建筑结构设计指南与工程应用[M]. 北京: 中国建筑工业出版社, 2018.

[7] 邱顺冬. 桥梁工程软件 midas Civil 常见问题解答[M]. 北京: 人民交通出版社, 2009.

[8] 范立础, 胡世德, 叶爱君. 大跨度桥梁抗震设计[M]. 北京: 人民交通出版社, 2001.

[9] 范立础, 王志强. 桥梁减隔震设计[M]. 北京: 人民交通出版社, 2001.

[10] 范立础, 卓卫东. 桥梁延性抗震设计[M]. 北京: 人民交通出版社, 2001.

[11] 范立础, 李建中, 王君杰. 高架桥梁抗震设计[M]. 北京: 人民交通出版社, 2001.

[12] 中华人民共和国交通运输部. 公路悬索桥设计规范: JTG/T D65-05—2015[S]. 北京: 人民交通出版社股份有限公司, 2015.

[13] 秦顺全. 桥梁施工控制无应力状态法理论与实践[M]. 北京: 人民交通出版社, 2007.